肖乐群——主编

通往剑桥之路 ②

剑桥家庭养成记

广东旅游出版社
GUANGDONG TRAVEL & TOURISM PRESS
悦读书·悦旅行·悦享人生
中国·广州

图书在版编目（CIP）数据

通往剑桥之路．2，剑桥家庭养成记 / 肖乐群主编．— 广州：广东旅游出版社，2022.7

　ISBN 978-7-5570-1834-4

Ⅰ．①通… Ⅱ．①肖… Ⅲ．①家庭教育 Ⅳ．①G78

中国版本图书馆CIP数据核字（2022）第 027510 号

出　版　人：刘志松
责任编辑：龙鸿波
内文设计：吴彦伯　邓传志
封面设计：艾颖琛
责任技编：冼志良
责任校对：李瑞苑

通往剑桥之路 2：剑桥家庭养成记
TONGWANGJIANQIAOZHILU 2 JIANQIAOJIATINGYANGCHENGJI

广东旅游出版社出版发行
地址：广东省广州市荔湾区沙面北街71号首、二层
邮编：510130
邮购电话：020-87348243
广州汉鼎印务有限公司
（地址：广州市黄埔区南岗骏丰路117号202）
开本：787毫米×1092毫米　1/16
印张：10.75印张
字数：125千字
版次：2022年7月第1版
印次：2022年7月第1次印刷
定价：48.00元

版权所有　侵权必究

本书如有错页倒装等质量问题，请直接与印刷厂联系换书。

为无为，事无事，味无味。

罗素镜

长风破浪会有时,直挂云帆济沧海。

陈安然

因上努力，果上随缘。

袁诚蔚

低头蓄力，昂首前行，纵使前方荆棘丛生。

杨越

科学就是要去发现未知，不是
去寻找设定的未知

孟根屹

忠于自己：生命的意义在于成长，而非收获或给予。

王雨枫

追随我心

朱琨瑶

博学笃志，切问近思。

李海涵

我不去想是否能够成功,既然选择了远方,
便只顾风雨兼程。

张潇文

自信和崇尚真理

梁 策

目录

上篇 剑桥家庭养成记

让孩子自己去成功	003
固本培元　精心散养	014
申请文书前后	039
仰望星空　脚踏实地	049
人生的道路不止一条	055
推动孩子进步，家长要善于运用"马太效应"和"隔山打牛"技巧	069
在培养孩子时，我们培养什么	074
建桥人家剑桥人	081
信任滋润自由心灵，自由放飞无限可能	090
那些年，我犯过的错误——我与儿子共成长	097
剑桥游随笔	102

下篇　剑桥学子的学习心得

"凤凰涅槃，浴火重生"——记求学生涯中的三两事	110
十三岁的际遇——心中的剑桥	115
一个19岁女孩关于学习的独白	127
Recollections of my college application process (with a focus on Personal Statement writing) 回忆我的大学申请过程——重点是个人陈述的写作	139
我在剑桥的求学经历	144
申请文书：从合适的角度展现真实的自己	148

附录　剑桥学子家长简介　　　　　　　　　　　153

上篇 剑桥家庭养成记

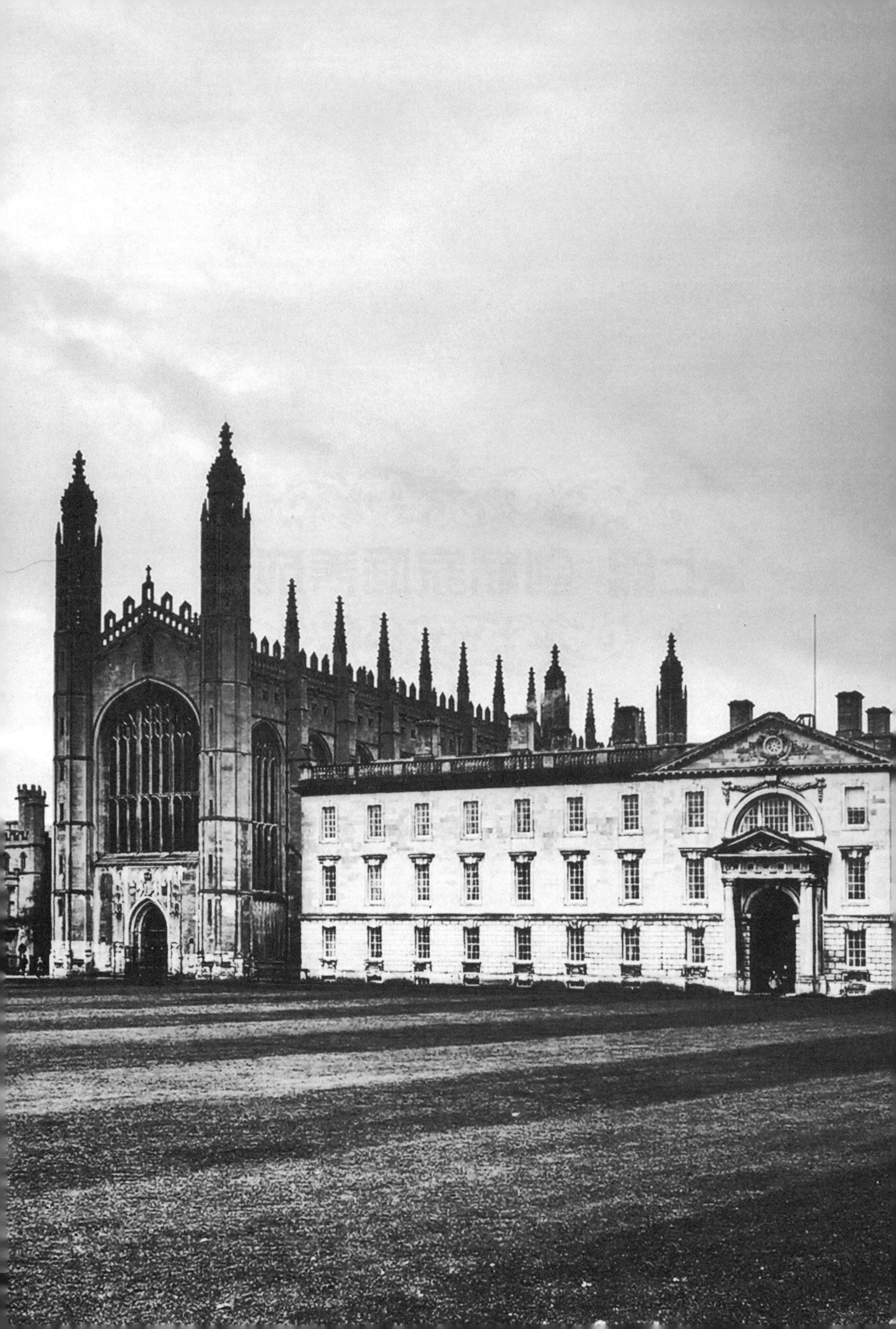

让孩子自己去成功

周 敏

前 言

记得当初说到我也要参与《通往剑桥之路》的家长写作分享群的时候，我照例（与我女儿有关的事我一般都会告诉她）告诉我的女儿，说："托你福，妈妈要写书了。"她听了半开玩笑地说："你还能写书，你都干啥了？"我想想也是，那就算了，于是就放下了。

但为什么现在又决定拿起笔做一些分享呢？主要有两方面的原因：一方面是我一个在加拿大的老朋友的一句话触动了我。当初我女儿正式被剑桥录取后，那位加拿大的朋友跟我道喜的同时，我们一起聊到孩子的教育，他感叹道："原来像我们这样普通家庭的孩子也是可以到世界顶尖学府去学习的，回头也要跟我儿子讲讲姐姐的故事，激励他不要给自己设限，定下更高的求学目标。"当时这句话触动到我：是啊，我们为什么会这么喜悦呢？因为我和她爸爸是从中国最普通的小山村、小城镇里走出来的，家庭也是中国最普通的家庭，孩子也不是顶尖"牛娃"，从未想过我们的孩子可以到剑桥这样的学校去继续学业。就是他这句话促使我想把与孩子相关的一些细节写出来，或许能给有些孩子或家长带来某些启发或帮助。

另一方面，我也受到女儿留下的日记的影响：我在家里整理翻看她留下的几本大大小小的日记文字时，觉得文字可以作为记录过往人生的载体，为孩子将来留下一些回顾的线索，也是一件好事。最重要的是，后来女儿也半调侃地说："你写吧，你写吧，正好我也很好奇你对自己教育观的评价。"

2020年：值得铭记的时光

2020年9月23日，我送女儿到广州机场，陪她走完飞伦敦奔剑桥的最后一程。比起离别的难过和不舍，我更多地感到欣慰和替她开心。年满18岁的她，向着一个更广阔的人生新天地奔去，去开启她人生的新阶段。孩子长大了，总是要离开父母的。小时候父母是孩子的天地，长大了，孩子是父母的眼睛，带着我们走出去看世界。

现在想来，大概是从她进入国际交流学院开始，我与女儿的关系开始发生了一些微妙的变化。也许更多是从内心开始的，我会把她当作一个和我一样的、更加独立的个体去看待，去倾听、尊重她的意见和想法。我们就像好朋友一样，在一起吃喝玩乐的过程中交流和探讨，碰撞出思维的火花。

2020年，对她而言，最重要的事应该就是通过了剑桥大学给出的入学条件。剑桥的入学要求进阶数学（A-Level[①]Further Maths）和经济学（Economics）均须达到A^+，地理（A-Level Geography）和物理（Physics）达到A，同时雅思的成绩总分为7.5，单项分数过7。由于新冠疫情，学校面授教学中止，孩

[①] A-Level（General Certificate of Education Advanced Level），英国高中课程，是英国全民课程体系，是英国普通中等教育证书考试高级水平课程，也是英国学生的大学入学考试课程。

子只能在家里线上学习。英国的考试局也取消了国际考，最终成绩基本由学校根据过往的平时成绩来估计，孩子则需要自行决定是否要参加学校额外组织的考试来证明自己。所有的关于通过入学要求的事情都是由我女儿自己来安排决定的。虽然她对自己平时成绩比较有信心，但是权衡之后，为稳妥起见，还是参加了学校组织的进阶数学考试以确保 A^+ 的成绩。虽然在正常情况下，只有正式的国际考成绩才会对申请大学有影响，但是我们对学业的态度是"战时即平时，平时即战时"，让学业成绩保持优秀成为一种习惯，不要给自己任何懒散的借口。所以一直以来，我们都非常注重平时在学校的成绩，不管是期末还是期中，甚至小测验，都比较重视。这样在任何意外情况出现时，也能有底气，不慌不乱。我常对孩子讲的一句话：真正的高手，不仅在于一时的优秀或高光时刻，更重要的是在任何情况下，能保持稳定的输出，这更多依靠的是平时的日积月累。其实这不仅对孩子有借鉴意义，往深层次的道理讲，对每个人都是一种鞭策。

孩子在做决定之前也会来找我聊，比如学校的考试，考与不考，考什么科目；剑桥语言中心的语言测试和雅思的准备如何并行，多邻国的考试（Duolingo English Test, UCL[①] 是认可这个语言考试成绩的）有没有必要同时准备；万一不能达到剑桥的入学要求又该怎么办，等等。但其实我知道，她想要的根本不是具体的答案，更多的是希望看到我们的态度。作为父母，我们当时传达的信息就是尽力就好，结果随缘，有时过程即结果；如果最终实在达不到剑桥的入学要求，去英国其他学校也会是很好的选择。大人能做的事就是尽量给孩子减压，我们就是高压锅上那个放气的阀门，时常需要帮孩

---

① University College London 的简称，指的是伦敦大学学院。

子松松"气"。因为这个阶段的孩子都有自我驱动的能力,他们默默地给自己更大压力。在定下更高目标的时候,他们需要的是父母无条件地支持和接纳。当然,当时我们也确实是这样想的,孩子尽力了,至于能去到哪里,都会是最适合她的选择。

2020年,非常特殊的一年:新冠疫情让我们重新审视生命、检视过往,让我们更加清醒地认知到家人才是人生中真正重要的。我们要从心底去接纳我们自己和家人,不附加任何条件地去爱我们的家人,爱我们自己。

2018—2019年:相信孩子胜过相信自己

自从女儿考入剑桥,常有她学弟学妹的妈妈们来找我交流、分享经验,比如高中怎么选课,怎么申请,等等。我经常对前来咨询的家长,说我也不知道,这是一句大实话。这其实也是我女儿给我的评价:别的妈妈说不了解情况,只是装不知道,其实样样事儿都门清,比如选课、申请入学、如何考试;你说的不知道那就是真的,真的不知道。确实如此,学校给的家校平台账户密码,我从来就没有记住过,甚至国际考的时间我也从来没搞清楚过。入学报到那天,学校发的初始密码纸条一直被我拍在手机里,但登录的次数屈指可数。我女儿大学申请全程都是自己处理的,只有在她遇到问题,需要寻求客观的建议时,我才会给些意见。父母要做的是站在孩子的身后,如果有需要,我们就向前走一走。

分享给妈妈们的建议,我说得最多的只有几句话:相信孩子,放手让孩子自己做,大人不要过于焦虑。孩子自己管好学习的事,我们大人负责关照好孩子的情绪即可,保持良好的亲子关系,比如吃喝玩乐、精神愉悦……

说个在申请季发生的一件很乌龙的事情吧。最开始她通过自己的调查、了解选中申请的学院，结果在申请填报的时候，不知道是因为UCAS（大学和学院招生服务中心）①申请系统的问题还是自己的疏忽，系统显示的申请学院却是西德尼学院（Sidney Sussex）。在申请的第二阶段她发现了问题，第一时间打电话问我该怎么办。我问她："还能改不？""好像不能。""学院怎么样？""还没来得及仔细看，但是位置挺好的，在市中心跟超市隔条马路。""那生活挺方便的。在异国他乡，生活方便也很重要啊。放轻松，没有关系的。""哦，那好吧。"我当时的想法就是，那也很不错啊，生活方便，再说也不能改，没有关系。我这样的态度，孩子也就安心了。没过多久，UCAS也发现系统的问题，女儿幸运地收到邮件（女儿有同学发生类似的情况但没收到邮件），被告知如果因为系统的问题，出现学院选择错误的情况，可以及时回复邮件，确认进行更改。于是，我第一时间又接到女儿的电话，问有没有必要改回原来的学院选择。这一次她已经做了详细的前期工作，对两个学院进行了解、对比。我们一起过了一遍，权衡多方因素后决定将错就错，有机会改也不改了。于是就这样，我们与西德尼学院天定的缘分就结下了。有时不是努力就一定有回报，运气其实也很重要。所以，随遇而安也挺好。我们一直秉持的生活态度是：永远对生活保持乐观的心态。

还有一个例子，我们家是不限制孩子玩手机等娱乐设施的。在国际交流学院上学期间，孩子周一到周四住校，周五回家。她在学校里的学习效率高，周末回家就打打游戏，放松一下。真的就是在我们眼皮子底下，或坐在客厅

---

① UCAS是Universities and Colleges Admissions Service的缩写，它是一个公共服务机构，统一为英国所有大学提供招生服务，和其他国家不同，申请英国大学的本科学位课程，都要通过UCAS进行申请。原则上，所有英国大学的所有本科学位课程，包括专升本，都要通过UCAS申请。

沙发上，或在自己房间里，明目张胆地打游戏。而我们说得最多则是早点睡、吃好点，并不过多干涉其他。想想我们小时候，除了学习，也会想着玩啊，只是玩法各有不同罢了。

很多事情，换作我们来处理，并不一定会比我们的孩子做得更好。既然如此，又何必去指手画脚，非得让他们听我们的呢。再说人生路长，大人也只能陪同一程，路终究还是要自己走的。

其实，我女儿从高中部读完高一转到国际交流学院的第一学期是非常不适应的，主要是语言问题。考试时很多题都会，但可能因为读不懂题，或是不知道英文的专业术语，或是时间不够，就是拿不到分。她在学期小结时地理和物理成绩都得过 B，甚至得过 C。在她找我探讨的时候，我更多的是给予心理安慰或疏导，从公立学校转国际学校出现阶段性不适应是正常的，要对自己有信心，同时也和她一起客观地分析问题，在方法论指导的大方面给些建议，还告诉她如有必要可以自行选择在校外参加培训。她总共参加过三次培训，一次是雅思的，两次是数学，为考 STEP[①] 做准备。但是两次的数学培训课后第一期都没有上完，她却提出不再继续，后来还分别给我们退了 2～3 次的费用。这是因为她发现对她而言，培训的意义并不大。那我们也随她，并不强行要求她一定去上课，毕竟她才是对自己最了解的那个人，并且对学习结果负责。后来慢慢地适应之后，她的课程成绩都能达到最高（A/A$^+$）。在 A2 上学期，物理与地理还拿了全年级第二的成绩。

相信孩子胜过相信我们自己。当你对此有怀疑的时候，你就问问自己：换了我，能做到比她更好么？如果不能，又有什么可指责孩子的呢？我们自己能考上更好的学校么？如果不能，又有什么理由要求她一定要做到呢？

---

①   STEP 全称是 Sixth Term Examination Paper，是英国部分名校数学专业要求的本科数学入学能力测试。

从幼儿园到中学：让优秀成为一种习惯

从出生到小学，我们在三个城市生活过：2002年5月出生在深圳，1岁多去了上海，在上海读完幼儿园，回到深圳就读百仕达小学，三年级回到成都就读于成都师范学校附属小学，六年级又回到百仕达小学，以年级第一名毕业。后考入深圳实验学校中学部，直升入深圳实验学校高中部，读完高一后考入深圳国际交流学院。不同的城市辗转、不同的学校学习经历，给孩子带来的，既有好的方面，能适应不同的教学风格；也有不好的一面，老是需要面对陌生的环境去适应、去重新开始。非常幸运的是，她总能遇到很好的老师和一些不错的朋友们。

在她很小的时候是爷爷启蒙教认字的，出门看到字就教，所以她从小就非常喜欢阅读，在幼儿园及小学阶段就阅读了大量的书籍。另外，我们全家人有个非常重要的家庭活动就是周末出去逛公园。当年，在上海但凡能叫公园的，我们家至少去了十之七八。我们那时住浦东，但也不妨碍我们去共青国家森林公园、闵行体育公园等。所以也有了女儿拿着图书馆借的DK百科书在公园里寻找各种植物，雨后在小区里观察蘑菇的记忆。

她虽然换的学校比较多，但一直以来成绩都不错，从小养成比较好的学习习惯。学习、作业什么的，一向被视为孩子自己的事，大人一般都不管的，除非被老师点名。小的时候，父母特别是我这个当妈妈的要求比较严格些，对成绩要求比较高，等她大些，反而管得比较少了，让她自主的时候比较多。

父母子女：不过是相互成就

我们是怎样的一家人？讲几个场景罢：

1. 对女儿考上剑桥这个事，我内心喜悦到顶点的时间点是在女儿通知我她收到预录取的时候，我高兴地给家人、朋友打电话、发微信分享这个好消息。看到我如此高兴，持续好多天都在情绪的高点，我女儿给我来了一句："我不知道你'张狂'个啥，恨不得全世界都知道的样子，还有考试要过呢。而且我也就只是达到一所还不错的大学的最低要求而已。"喏，这就是我女儿！她的一句话让我平静下来。直到暑假收到正式录取通知后，她才发了一条朋友圈。而这已经非常难得了，要知道，她几乎不发朋友圈。

后来有次探讨弟弟未来读大学的事，当妈的总会觉得，弟弟也要向姐姐学习。而姐姐则说，世界上没有一个单一标准，弟弟有弟弟的人生之路，适合自己的就好。另外，即便考到剑桥又怎么样，就一定是好的嘛？只是人生阶段的又一个起点，人生路长着呢。然后我又安静了……

通过与孩子的对话，我会去检视自己。对于很多问题，我认为孩子比我有更深刻的认识和见解。让我们重新去认识他们，认识我们自己。能成为我孩子的妈妈，我很幸运，也很感恩。

2. 我们家大事基本都是爸爸管，小事都是我管，比如吃饭、睡觉在我们家是大事，周末、节假日去哪里玩也是大事，当然去哪里留学也是大事。在申请季那会儿，我们对要不要申请美国学校，要不要报考学校的牛津、剑桥辅导班等这些问题都有过家庭讨论。其实也就是变相地在讨论要不要把牛、剑作为第一目标的问题。我们家当妈的性子急，比较要强，爸爸的性子缓一些，凡事想得开一些。妈妈觉得自己家闺女强，考啥啥中，就想贪心一些，想英、美双申，还想冲牛、剑。后来爸爸一锤定音，认为孩子转学到国际交流学院时间短，精力有限，只申英国，不要有太大压力，能上 G5[①]任何一所大学都很不错了。而后，关于牛、剑班的讨论，妈妈的意见则占了上风，必须去上牛、剑班冲牛、剑。妈妈的人生格言，是既信奉取乎其上，得乎其中，又笃信尽人事、听天命。

3. 我们非常重视家庭活动。每周日是家庭日，每个寒暑假期都有一次家庭出游。从小到大，我们家基本上每周周末都是要留一天出来玩的，家庭活动可以是逛公园、爬山，还可以是海边野餐，甚至可以是一起去超市买菜回来做饭。每年寒暑假的活动更是全家总动员，爷爷、奶奶、爸爸、妈妈、姐姐、弟弟一起出行。哪怕是在女儿备战国际考或申请季里最忙的那段时间，也会在周末回到家拿出一天的时间，和一家人出去玩一玩。

4. 在我们家，吃饭是大事。特别是爸爸和爷爷奶奶认为，学习固然重要，但吃好饭、睡好觉则是人生顶重要的事。小时候，少有因学习被大人骂哭，却有好多次因为没有好好吃早饭，扬言要不准她去上学。我们家每天 7：00—7：30 是早餐时间，12：00 左右是午餐时间，18：30—19：00 是晚餐时间，全年 365 天基本如此，不因节假日而有所不同。大年初一，大家原则上也得早起。作业做不完，到点也得先吃饭，晚上到点也要先睡觉，所以孩子作业的效率一直很高。

5. 学习是孩子的事，但又不仅仅是孩子自己的事。为了孩子读书，我们可以"孟母三迁"，全家住到孩子学校附近，每换一个学校，基本都会搬一次家，

[①] 又称 the G5 group 或 the G5 super elite，是被英国媒体报道的 5 所精英学校——剑桥大学、牛津大学、帝国理工学院、伦敦大学学院和伦敦政治经济学院的并称。

方便孩子上学；为了可以陪孩子一起吃早餐、晚餐，爸爸可以多年如一日，每天几十公里往返于深圳的家与惠州的工厂。

还记得，在 2020 年 6 月广州南沙的剑桥家长聚会上，我女儿也在。在现场，我对孩子说，这一世，妈妈是第一次当妈妈，女儿也是第一次当女儿，我们要相互接纳、相互体谅，好好去珍惜父母子女这一世的缘分。

最后，以卡里尔·纪伯伦的诗结尾吧：

你们的孩子，都不是你们的孩子

乃是"生命"为自己所渴望的儿女。

他们是借你们而来，却不是从你们而来

他们虽和你们同在，却不属于你们。

你们可以给他们以爱，却不可以给他们以思想。

因为他们有自己的思想。

你们可以荫庇他们的身体，却不能荫蔽他们的灵魂。

因为他们的灵魂，是住在"明日"的宅中，那是你们在梦中也不能想见的。

你们可以努力去模仿他们，却不能使他们来像你们。

因为生命是不倒行的，也不与"昨日"一同停留。

你们是弓，你们的孩子是从弦上发出的生命的箭矢。

那射者在无穷之中看定了目标，也用神力将你们引满，使他的箭矢迅速而遥远地射了出去。

让你们的射者手中的"弯曲"成为喜乐吧；

因为他爱那飞出的箭，也爱了那静止的弓。

——《孩子》

罗素镜（Rose）

2015—2018 深圳实验学校中学部

2018—2019 深圳实验学校高中部

2019—2020 深圳国际交流学院 A-Level

2020 年至今 剑桥大学经济学本科

固本培元　精心散养

苏达

2014年8月12日凌晨，女儿收到剑桥大学麦格达伦学院（Madgalene college）心理与行为科学（Psychological Behavioural Sciences）专业的正式录取通知。自2013年11月26日收到剑桥大学的面试通知，到2014年1月11日收到学院发出的预录取通知，再到最后收到正式录取通知，漫长的大学申请季终于告一段落。

女儿是从国内高中读完高一之后转到国际高中就读A-LEVEL课程的AS[①]的。从入学国际课程到申报英国大学，仅有短短的一年时间可以准备。在课程压力巨大的情况下，在短短的一年时间里，要兼顾做实验、写论文、考试、参加社会实践、选择专业和学校等活动，时间是非常紧的。现在回想起来，孩子的身心在此过程中需要经受很大的考验。

申请剑桥大学的过程，对学生来说是一种煎熬，也是人生一次非常特殊的"考试"。

[①] 英国高中课程（A-Level）的学制为两年：第一年称为AS水准，学生通常选择自己最擅长且最有兴趣的3—4门课，通过考试后获得AS证书。

学校通过简历筛选、面试挑选、条件预录取、一年后再正式录取的方式，持续地刺激学生调动潜能，迈上一个又一个台阶。学校一次次地释放出可能性，就像有一面旗帜在前面挥舞，吸引着学生去追逐。学生在把可能性变为现实的过程中，渐渐地靠近自己的目标。这种独特的选拔机制，相当于持续地给学生加压，不断地考验学生的抗压能力，也不断地引导学生自我突破。学校正是用这种机制挑选到了心仪的新生。

女儿申请大学我们没有找中介服务。为什么没有去找中介服务？一方面是中介要服务那么多人，不可能有太多的时间分配给你，也不可能在有限的时间里做到比你自己更了解自己。另一方面，学校老师也是这么提倡学生自己自行申请的。作为申请大学的"小白"，我们也是选择相信老师。

与其他很早就做好出国读书的家庭不同，我们的孩子转到国际学校的决定是由孩子自己发起的，时间上比较仓促。没有及早在孩子选择大学问题方面做好规划，从这一点讲，我们作为家长是需要反思的。从另一方面讲，孩子从原来按部就班的国内高中，能够快速适应陌生的国际高中，能够独自完成大学申请文书撰写，独自一人前往英国面试，独自完成包括签证、正式入学前的防疫健康证明之类的杂务等，这期间表现出来的快速适应能力，是她能够独立去完成这次人生的重要考试的原因。而这种适应性，则有赖于在此之前更长时间的准备。

我家孩子在小学阶段就近入读户籍所在地的小学。这所学校一直以来每个年级都只有两个班，是一所名副其实的"麻雀小学"（我们当地称这种规模很小的社区小学为"麻雀学校"）。初中就读广州育才实验学校，高中就读广州市执信中学，后转至华南师范大学国际预科中心（U-LINK 优联）学习 A-LEVEL 课程，并在这里申请进入剑桥大学学习。

考上剑桥大学仅仅说明孩子达成她上大学的这个阶段性目标，既不能等于成功，更无法确定这件事对其一生的影响能有多大。孩子并非"牛娃"之类的"别人家的孩子"，整个求学过程平凡普通。所以，在这里能分享的，就是一个普通家庭带着普通孩子一起成长的一些体会。随着时间的流逝，记忆的淡忘，带娃的感觉已经模糊，再加上当年所处的环境并未如今天这般弥漫着焦虑的气息，补课虽然流行但远不像今天这般普及，作为一个非主流的"佛系母亲"，促成我也凑热闹写一下自己当父母的体会，仅是希望能帮助在焦虑中带娃的、像我一样普通的家长减缓一些不必要的焦虑。

同时，教育孩子是一个复杂的工程，我们确实很难总结说自己在这个过程中具体使用什么样的方法。孩子的成长充满不确定性，他们以后需要面对的人生更是充满不确定性。作为父母，我们能做的就是尽力去帮助孩子提高适应人生的不确定性的能力，增强适应生活的力量和弹性。所以，我们照顾孩子的重点是尽量聚焦帮助孩子练好内功。我们能做的，也只是基于自己当时的认知水平，老老实实地顺应自然，为孩子打好人生的基础，尽量减少人为的、不必要的伤害。

因此，参照中医的"道法自然、扶正祛邪"的理念，我姑且称自己"无为而治"的带娃方法为"固本培元式"。

理解家庭教育在孩子成长中的作用

作为父母，我们身上都具有伟大的使命，那就是成为承担起那个无条件保护和拯救自己孩子的人。这是自然界托付给我们的生物学使命，是为人父母者无可推托的责任。因此，教育孩子是一个正常家庭最无法假手他人的权利和义务。孩子要健康成长，家长要承担起教育的第一责任。

1. 重视家庭教育的作用，承担起教育的第一责任

我认为，承担起教育的第一责任，是为人父母之后最重要的心理建设。

有的家长可能会说，不是有学校在教育孩子，家长还能干些什么？这是一个所有家长都必须解决的基础性问题。我国著名幼儿教育的奠基人陈鹤琴先生说，孩子的"知识之丰富，思想之发展与否，良好习惯之养成与否，家庭教育实应负完全的责任"。苏联教育家霍姆林斯基曾说过："社会教育是从家庭教育开始的。家庭好比植物的根苗，根苗茁壮才能枝繁叶茂、开花结果。良好的学校教育是建立在良好的家庭教育基础上的。"

家庭教育是教育的基础细胞，父母是孩子的第一任教师，更是终身的老师。

孩子出生时，父母都是欢天喜地地迎接新生命的到来的，但是随着孩子一天天地成长，烦恼会伴随着而来，父母的考验也就无处不在。

曾经有一位家长，看到大学同学的 16 岁女儿以高分考取清华大学，一直以为是同学的女儿先天条件好，与自己放弃学习的儿子相比是简直是天渊之别。直到看到同学写的育儿书稿，才恍然大悟——原来自己只看到孩子之间的差别，其实差别原来在父母之间。作为父母，有的精心把孩子教育大了，

有的其实只是把孩子养活了。

在现实中，我们也可以观察到从小到大都在同样学校接受同样教育的孩子，长大后的表现却大相径庭：有的孩子学习自动自觉，父母省心省力；有的孩子沉迷游戏自暴自弃。细究起来，是背后的家庭教育大相径庭的结果。在大多数情况下，成长比较顺利的孩子，背后都有良好的家庭教育作为支撑。事实上也是这样的。有些东西在学校、社会等大众共享的环境中是没办法做到的。诸如对孩子脚趾、手指等部位精细动作的训练，给孩子丰富的颜色、声音、形状的体验，增加感、知觉的刺激，随时随地地玩小游戏，一个小玩具花样繁多的玩法，对孩子情绪状况的觉察，等等。这种非常个性化的服务，除了家庭，在其他机构都是没办法完成的。

与其他小朋友共享的大环境，有时候作为家长是没有办法也没有能力去掌控的，而家庭的这种"私享"的小环境却是可以用自己的力量营造的。实践证明，对于孩子的影响，"私享"小环境的力量更大。

2.理解学校教育与家庭教育的关系

家庭教育在孩子的成长中起着奠基的作用。苏联著名教育家苏霍姆林斯基曾经强调："没有家庭教育的学校教育和没有学校教育的家庭教育，都不可能完成培养人这一极其细致而复杂的任务。"

心理学上有一个著名的冰山模型理论，是美国著名心理学家麦克利兰于1973年提出的。他将人的个体素质的不同表现形式划分为表面的"冰山以上部分"和深藏的"冰山以下部分"。"冰山以上部分"包括基本知识、基本技能，是外在表现，是容易了解与测量的部分，相对而言也比较容易通过培训来改变和发展。决定着人的行为模式的深层次动力是"冰山以下部分"，包括社会角色、自我形象、特质和动机等，是人内在的、难以测量的部分。它们不太容易通过外界的影响而得到改变，但却对人员的行为与表现起着关键性的作用。

知识和技能，这些显露出的"冰山以上部分"，孩子可以在学校进行学习。而"冰山以下部分"，才是推动人成长的强大力量。家庭教育的作用，就是对隐藏的这部分着力进行培养。

平常，我们听到家长评论别人家的孩子，最为羡慕的就是别人家的孩子成绩好、学习主动自觉，根本不用父母操心，作业不拖延，在困难面前坚忍不拔、情绪稳定，等等。其实，这种行为表现的背后，就是一个孩子有自我价值感，具备自主性和高自尊、高成就动机的表现。而这些"可迁移"的、决定孩子续航能力的优秀品质的形成，主要依赖家庭教育的正确引导。非智力因素，才是家庭需要发力的地方。如何才能在这方面做得好，家长是需要耐心学习的。

因此，学校和家庭在教育方面是有分工的。家庭教育最重要的任务是保证孩子有足够的动力和意愿去学习，保证孩子在无人监督下也能自觉地学习。

正确处理好家庭教育与学校教育之间的关系，作为家长，不要把学校的教育的责任往身上扛，也不能在培养孩子续航能力的这个重要阵地上无所作为。不要本末倒置，家庭与学校之间要互为补充，做到"不缺位"，也"不越位"，才是家长需要把握的分寸。

基于这样的思想，在陪伴孩子的过程当中，我们家都尽可能做到沟通先于学业，鼓励多于控制，重视身心的健康、习惯的培养和鼓励自主性的发展。这是孩子健康发展和长期艰苦学习的基础。

简而言之，家庭的主要任务是保证孩子热爱学习、愿意学习，能与人正常交往。家庭教育起着调节器作用，在紧张的时候放松，在放松的时候紧一紧。学业的部分交给学校就可以了。在学校教育出现欠缺，或者孩子出现不良苗头、行为出现偏差的时候，家长及时发挥补充和纠偏的作用就可以了。

固本培元，注重孩子心灵的滋养

1. 遵循心理发展规律，舒展孩子的天性

我国著名幼儿教育的奠基人陈鹤琴先生说："我们知道幼稚期（自出生至 7 岁）是人生最重要的一个时期，习惯、语言、技能、思想、态度、情绪都要在此时期打一个基础，若基础打得不稳固，那健全的人格就不容易形成了。"他以十分通俗化的语言向父母们揭示孩子的天性，认为"儿童好游戏、好模仿、好奇，喜欢成功、喜欢野外生活、喜欢合群、喜欢称赞"，并要求家长"必须根据儿童的心理始能行之得当。若不明儿童的心理而妄施以教育，那教育必定没有成效可言的"。儿童的这七个特征，家长能够意识到并顺着天性去做，这个时期的孩子是非常好带的，大人所期待的良好习惯培养起来也是能够事半功倍的。

记得女儿一岁多刚学会走路说话的时候，她非常喜欢爬上沙发的靠背，站在上面叽里呱啦地自言自语，也不知道说的是什么内容。说到高兴还会小手扶着墙，用一条腿站着，另一条腿悠然地荡着，十分享受的样子。每当这个时候，我一般会在旁边看护着她的安全，并不刻意去制止她的攀爬。婴幼儿时期，孩子是需要通过探索来感知外部世界，从而建立与世界的关系。心理学的研究表明，一味地控制和限制不利于孩子的自主探索，更不利于自主性的培养。有些家长非常苦恼孩子对学习不自觉，做什么事情都是大人催一下孩子才动一下。好像没有了家长的催促和监督，孩子就不会自己主动地学习了。这种情况有可能是从小忽视了自主性的培养，没有鼓励孩子的探索行为的缘故。

儿童的心理特点也是刚为人父人母的新手家长应该注意的事项。心理学的研究表明，儿童注意力维持时间（指儿童主动关注在一个事情上的时间）大致如下：3~4 岁，5~8 分钟；5~6 岁，8~15 分钟；7~8 岁，15~20 分钟；9~10 岁，20~25 分钟；10~12 岁，25~35 分钟。按此看来，孩子在幼儿园的时候注意力集中的时间 5~15 分钟之间，小学生也就在 15~35 分钟。刚为人父母时，不少人会由于脱离孩童时期太久了，习惯以成人的行为模式，忘记自己当孩童时的滋味，对孩子好像老是"坐不住"的表现，会不由自主地进行管束，导致管教孩子显得筋疲力尽。其实，了解多一点有关孩子的心理知识，家长内心能够更加笃定许多。

孩子进入学校之后，学习成绩是最为重要的评价标准，不同禀赋的孩子将会用统一的标准进行评价，高低好坏的结果也是家长焦虑的开始。我认为，在小学阶段，保证孩子愿意去学校学习是家长在这个时候的最主要任务。不宜过早地用成绩去评价一个孩子，语文、数学成绩，只是评价孩子对这两门课业的学习结果，仅仅是评价孩子的一个维度，不能够以此单一标准评价自己的孩子。我们去衡量一个人能力高低的标准绝不仅仅是成绩的高低，孩子的心理健康、人品、情商、个人特色、气概、探索精神都比学习成绩重要。如果过早地把注意力聚焦在成绩上，一方面会容易导致家长焦躁，太快走进补习的圈套；一方面会忽视了孩子其他潜在的能力。这个时候，家长应该尽可能地用自己的智慧，为孩子建立起一个好的小环境。我记得，当孩子因为成绩的问题有不满意时，我总是充当一个降低焦虑的老母亲角色。同时，发现和保护好孩子的兴趣，尽可能地在德智体美劳各方面多点尝试，避免过早地用单一的学业成绩对孩子进行片面评价。

每个孩子都是自带天赋且各不相同的。美国教育学家加德纳（H.Gardner）

的多元智能理论告诉我们，孩子的智能是多元的，至少包含语言智力、逻辑数学智力、空间智力、音乐智力、运动智力、人际关系智力、内省智力、自然智力八个方面内容。每个孩子都有自己的智能优势，只要这一优势智能得到了合理的发展，都有可能成为优秀人才，成才的道路也应该是多样化的。作为家长，多给孩子尝试的机会，尽可能地增加刺激，一方面是促进脑神经的发育，一方面是更科学地了解孩子的特点。要知道大脑是越用越好用的。最重要的是，了解一些理论知识，心里才能笃定，对于孩子在横向比较中产生的差异，不至于那么大惊小怪、焦虑不安。事实上，真的，每个孩子都是独一无二的"别人家的孩子"。

充分利用儿童"好游戏、好模仿、好奇、喜欢成功、喜欢野外生活、喜欢合群、喜欢称赞"这些特性，顺着天性，多给孩子游戏、模仿的机会，满足好奇心，给适当的挑战机会，多带孩子到户外去，组织小伙伴一起做伴玩耍，对符合规矩和期待的好行为多多强化表扬，诸如此类。如果家长能遵循孩子的天性，掌握一些发展心理学的规律，顺着做助推器比拧着来轻松很多。教养孩子也可以取得事半功倍的效果。

2. 鼓励探索，让孩子体验对生命的掌握感

至今我还清楚地记得，2003年3月武汉樱花盛开的季节，我带着孩子专程去参观武汉大学图书馆专业的情形。那时孩子才上小学一年级，有一次我问她长大后想干什么，她回答想当图书管理员。我问为什么想当图书管理员啊？她说因为当图书管理员就能看很多的书。我说："那好啊，你知道哪所大学培养图书管理员最厉害吗？我们要不要一起去国内图书管理专业顶级的武汉大学参观一下啊？"孩子说："要啊。"然后我们娘俩就坐上火车高高兴兴地到武汉大学观赏了灿烂洁白的樱花，完成一次为孩子点燃理想的旅程。

回程的时候，在候车室里十分闷热，如果每人花十块钱可以提前进去凉快一点。我问她要不要也花点钱提前进站，她竟然懂事地说不用，可以等。我欣然接受孩子的决定，然后我们娘俩就一起静静地候车了。说实在的，当时在人多、嘈杂又闷热的候车室里等待上车的感觉其实是挺难受的。但是，让孩子自己在生活中有作出选择的机会，然后陪伴她一起体验选择后的结果，也是给孩子体验对生命的掌握感的好时机。时至今日，孩子淌着汗水、红扑扑的脸蛋仍深深地印在我的脑海里。

心理学家的研究表明，孩子和成年人一样，有自己做决定、自己解决问题的强烈意愿和需求，他们的自主性需要得到尊重。很多家长所苦恼的孩子学习自觉性不够的问题，根源就是从小的自主性发展遭受父母的压制，没有充分发展的缘故。心理学的研究早已表明，孩子自主性发展与否，与家长对其自主性行为是否支持关系密切。

在早期教育阶段能够充分保护好自主性，而不被家长强加控制的孩子，往往在入学后的内在学习动机更强，更愿意主动解决问题和迎接挑战。相反，在探索和学习的过程中，被家长过多控制和干预的孩子很容易早早就失去解决问题的动机，认为学习是"家长逼着我，我才会坚持的事"。

我家孩子在小的时候干的大部分事情是以"兴趣为王"。只要有条件能做到，孩子喜欢的尝试，我们基本上都给予支持。孩子先后尝试了钢琴、吉他、乒乓球、武术、轮滑等文体活动，也养过乌龟、兔子、蚕宝宝等小动物。虽然没有一个能够坚持下来，但是总算也尝过了。到了小学高年级阶段，开始热衷收集各类小贴纸、笔记本，家里最多的收藏就是这类东西。有一阵子，还特别痴迷一笔成形写空体字的爱好。后来又特别痴迷周杰伦、五月天、李开复、李健、乔布斯、库克、福尔摩斯等明星人物。我们曾经带着她从广州到深圳，去听李开复给创业青年的演讲。这些都是孩子发自内心喜欢的活动或人物，我们并没有以影响学习的借口阻止她的行动，而是充分利用孩子内趋的动力，顺势而为，给孩子相对的自由，满足孩子的心灵需要，也丰富了她的生活内容。

孩子在追星的过程中，也是时不时给我们分享，比如周杰伦新专辑的音乐特点和他的强直性脊椎炎，乔布斯的成长过程的创伤和完美主义的设计理念，还会讲五月天团队成员的趣事和每个人的专业特长，等等。这些人物身上有许多值得孩子去了解和学习的好品质，有利于借助榜样的力量进行自我教育。孩子特别喜欢李开复的一句话——"追随我心"。我们请书法家朋友把这句话制作成一个牌匾挂在家里。随着追星的"国际化"，对英语的需求也促使她对英语的积极学习。因此，追星对于孩子来说不是什么洪水猛兽，关键在于对追星方式的适当地引导和应用。孩子在申请大学的时候，她以分析乔布斯性格作为进剑桥的一个敲门砖，与她这段追星乔布斯的经历不无关系。

1941年1月，陈鹤琴先生发表在《活教育与死教育》中提出活教育的17条教学原则，其中说到凡是儿童自己能够做的，应当让他自己做；凡是儿童自己能够想的，应当让他自己想；你要儿童怎样做，就应当教儿童怎样学；鼓励儿童去发现他自己的世界；积极的鼓励胜于消极的制裁；大自然、社会都是我们的活教材。

陈鹤琴先生这些儿童教育的原则，我深深印在脑海里，一直作为行动准则不断地提醒自己。

平时，孩子对家里日常用品、衣服的购买都可以表达意见。甚至今天想怎样吃饭这样的事情，我们会创造机会让孩子参与决策，让孩子对生活有一定的参与感。创造条件，给孩子体验更多生命的掌握感，让孩子多一点体验到"这事是我要做的"的主人翁感觉，避免"这事是父母要我做"的消极体验，为自主性的培养和自主学习以及心理健康打下良好的基础。因此，我家孩子在自觉起床上学、自觉完成学习任务、日常生活的自我管理上基本都是她自己的安排。

放假期间，只要她在家里，她一般会把家里卫生稍为整理一下，拖个地、洗个碗什么的。然后，在我下班回家时假装轻松地提醒我："妈妈，今天不知道是哪个田螺姑娘把家里搞得这么干净呢。"

小学时候，同学大都是住在附近的孩子。晚上她会组织班里的同学在小区里风驰电掣地疯玩。初中以后，每当假期，她会与好朋友约好在图书馆一起学习。基本上广州可以开放自习的图书馆的环境，都被她和小伙伴摸了个透。上了大学后，放假期间又把自习的场所搬到星巴克。

在孩子小小年纪所经历的几个重要关口，如小升初、初升高、转国际学校学习、选择留学国家和专业，甚至后面选择工作的城市，基本上都是孩子自己做出的选择。

这种选择既是孩子承受压力的表现，又是表明孩子对生命自己的掌握权。对压力的慢慢适应，有利于孩子心理弹性的建设，不至于太过脆弱。

3000年前，古希腊德尔菲神庙上面刻着"认识你自己"的铭文。这句话长久以来影响着无数的人。我们每个人活在世上，都是在有限的生命里不断地进行探索以求认识自己的过程。事实上，20世纪下半叶以来，行为遗传学、基因科学对影响生命个体成长因素的研究成果，颠覆了不少人的认知。作为不具备专业知识的普通父母，也只能从尊重敬畏生命的角度，创造条件让孩子去尝试多一点，拓宽认知的边界，尽可能多地认识自己，发展成为她真实的自己。这样即便对学业没有直接的帮助，但至少能保障孩子在心理上是健康的。人本主义心理学家罗杰斯曾说过，到他那里咨询的人们，尽管各人的问题千差万别，但在这些差异的背后，有一个共同的中心问题，那就是："我到底是什么人？我怎样才能接触到隐藏在表面行为下的真正的我？我如何才能真正变成我自己？"给孩子探索的机会，就是帮助她寻找真实的自己。

3. 滋养心灵，给孩子奠定敦实的起跑线

在不同的阶段给予孩子不同的滋养。婴幼儿时期要给孩子提供安全感，接纳她，满足其探索世界的需要。尤其在婴幼儿时期大脑快速发育和极度敏感的阶段，要尽量多提供丰富的刺激，又要保障充分的睡眠，保障大脑的营养和发育。在孩子幼年阶段，自由探索的机会给了孩子健全的大脑、舒展的心灵，为其人格奠定健康的底色。

随着年龄的增长，活动范围的扩大，孩子的理解能力增强，自我意识增强，自主性和主动性发展是学龄前儿童的关键任务。父母尤其要用心去了解孩子，感受她的情绪，心理学界把大人对孩子的觉察叫作"看见"。

记得有一次我女儿从幼儿园放学回家路上，遇到我的一位女同事。这位阿姨性格爽朗，大老远就大大咧咧地冲着我女儿喊："咦，今天怎么穿这么漂亮啊，这是要去哪儿？怎么不跟我打招呼啊？"同事机关枪似的嗒嗒嗒一阵问话，我孩子当时倔强地站在原地，就是不开口跟她打招呼。作为家长我当时也感到很尴尬。其实，这种场景在现实中是经常出现的，大人经常会对孩子开诸如此类的玩笑。很多家长为了面子，通常会逼着孩子极不情愿地去跟人打招呼。但是，我发现小朋友是很敏感的，也是有自尊心的，大人居高临下的口吻和态度也会令他们不适。回家后，我没有责怪孩子为什么这么不懂事没礼貌，而是理解接纳了女儿情绪，跟她做了及时的心理疏导，尽量不要让负面情绪堆积在胸口，以免以后在与人打招呼这件事上形成不必要的心理负担。

孩子在这个时候是要注重"教"的。教给孩子一些社会生活的规则，使孩子活动有边界，不能不顾安全、无法无天，必须知道危险的地方不能去，人在世界上生活必须要懂得约束的行为，知道互商互让，才能有利于与小伙伴的相处。教，不等于强迫孩子做不愿意做的事情，而是对社会基本规则的理解和传承。

随着孩子年龄不断增长，课业压力开始出现。对于孩子在学习中出现的长处短板，在学校与其他同学的横向比较中出现的问题，都不可避免地会给孩子造成思想波动。孩子需要建立一个合理的知识框架来理解现实世界。这个时候，情绪平稳、善解人意的家长的存在，是孩子最需要的礼物。我们作为家长的，需要引领孩子理解，衡量一个人能力高低的标准绝不仅仅是成绩的多少，心理健康、人品、情商、个人特色、气概、探索精神都与学习成绩同样重要。

作为父母，我们不可能陪孩子走一辈子，生活的路总归是要孩子自己去走的。父母最大的责任是在孩子还小的时候，尤其是在学龄前，通过自身的努力，为孩子奠定人格底色，提供心理能量的滋养，尽量保证身心健康，尤其是不要出现心理问题。如有可能，家长与孩子之间，可以建立一些父母与孩子之间的"连接"。比如，有的家庭会由父亲定期地给孩子理头发。我家孩子，回到家里，特别喜欢往我身上一躺，要求挖耳朵。这些很简单的亲情连接，重点不是在行动的结果有多漂亮，而是令人身心放松的愉悦，是互相接纳的亲密关系的体现，是增进亲情的简单方式。

家庭教育的重点是"把保持沟通放在追求孩子学业的前面"。接纳孩子的各种情绪，成为孩子最好的港湾，允许孩子做一个最普通的人，让孩子在家里无拘无束，安放身心。有心理学家说过，"生命早期的成长，需要成人社会所有人的敬畏"。这是比关注学业成绩更为重要的责任，切不可本末倒置。不要输在起跑线上，这就是人生最重要的起跑线。

4. 鼓励实践，增强孩子的社会性

联合国教科文组织提出：21世纪青少年应该具备的"四个学会"，即学会学习，学会生存，学会发展，学会与人相处。

孩子除了学习这项任务之外，还需要成长为一个正常的社会人。试想，如果我们的孩子只会考试，能拿高分，但是对知识、周围的人没有感觉、没有热情，对社会、亲人漠不关心，只是一部会学习的机器，那孩子长大以后即便上了名校，也是一个很脆弱"空心人"，一有风吹草动，很容易采取不明智的极端行动甚至悲剧的产生。这种例子在当下也并不鲜见。

苏联教育学家马卡连柯说过，"一个人不能够一部分一部分地来教育，而是由人所经受的种种影响的全部总和综合地教育出来"。在教育孩子过程当中，我们鼓励孩子除了学习，还要学着去发现问题、解决问题，与人和睦相处，学习社会规范，增强社会性。孩子总归是要生活在真实的世界里的，社会性的培养尤为重要。不食人间烟火，十指不沾阳春水，只会读书其他啥都不会的人绝不是一个健全的人。生活中的柴米油盐酱醋茶、社会角色、规则礼仪，都要让孩子知晓。适当的劳动是孩子必须参与的。教育学家马卡连柯说过"在我们的社会中，劳动不仅是经济的范畴，而且是道德的范畴"。

我会带着孩子到菜市场买菜，让孩子学习算数并付钱，也会让她接触基金理财、日常的开销，算一算一顿饭要用多少钱。我们可以和孩子聊起家庭存款的事项，邀请她参与家庭的经济管理，让她了解家里的经济状况。家族中婚丧嫁娶之类的事情，我们都会告知她，让孩子参与到家庭的社会活动中。

这让孩子建立了责任感和自信心，她知道自己在家庭中很受重视。我们还会跟孩子分享自己的人生故事，把自己小时候的趣事、糗事跟孩子讲一讲，孩子会特别乐意听。我们还会一起看任祥编写的传统文化书籍《春夏秋冬》。另外在平时以身作则，对老人孝顺，认真参加家长会，对班集体活动热心参与，认真工作、服务社会，守规矩、守秩序。

每当放假，我们家经常会与几个好朋友家庭自驾出游，让孩子与不同背景、年龄的小伙伴在广阔天地中一路玩耍相伴。

我们鼓励孩子将学习中的问题和见解用自己的语言讲出来，鼓励分享给同学，与同学建立良好的关系。让我印象深刻的是，在自己申请大学非常紧张的时候，我的孩子还会抽出时间帮助好朋友修改申请文书。我们相信能通过自己的语言表达出来的知识，是经过大脑精加工之后输出来的，是已经内化的知识。这种能够输出的知识，将形成长时的记忆长久储存于大脑，最终形成个人知识框架。这样的积累，就是个人知识框架的建立过程。像滚雪球一样，积累越丰富，框架越大，对新知识接收、消化就更快更强，又构成更大的框架，形成良性循环。

一个人的精神气质，就是靠这样日积月累慢慢地长成的。

大多数时候，我们鼓励孩子多尝试新事物。表扬孩子的时候将孩子的努力与结果联系在一起，将行为的结果作为奖赏，我会对孩子说："我看到你今天在我下班回来之前就把作业完成，还煮了饭，我很高兴。"把孩子的注意力调动到自己的努力上面来，避免你真棒、真聪明之类空洞的夸奖。这些成长性思维方法的运用对孩子的自主性培养大有裨益。

作为父母，最为忌讳的是随意就给孩子贴标签的行为，比如"你数学不行，语文不好，你体育不行"之类的。这会给孩子不良的自我暗示，影响潜能发挥。如遇到孩子被人贴了标签，家长必须想办法帮助孩子避免受到这些标签的限制。

孩子在成长过程当中总是跌跌撞撞，高潮伴随着低谷的。作为家长需要有足够的耐心等待孩子按她的节奏成长。黑黝龙先生的《慢养：给孩子一个好性格》给了我很大的启发，以积极的心态为孩子打开更多的可能性，真诚地赞美孩子而不是以孩子的成绩作为家长炫耀的工具。与此同时，家长认识自己、接纳自己、提升学习也非常重要。身教比言传更有力量。

用"可视化你的爱"连接父母与孩子

美国人本主义心理学家卡尔·罗杰斯（Carl Ransom Rogers）说过"爱是深深的理解和接纳"。那么，如何让孩子感受到来自父母的爱呢？有一个非常简单的做法，家长们不妨一试，那就是借用管理学上"可视化目标"的做法，将你对孩子的深情用"可视化"的行动悄悄地流露出来，在润物细无声中建立起良好的亲子关系。

我曾经尝试过的"可视化"表达大概要有以下五个方面：

一是重复和示范孩子的探索。让孩子当一回老师，指导家长也试着重复做一遍孩子从学校带回家里的手工作业或者各种科学小试验。对于家务劳动，则在孩子表现出有兴趣时候示范给她看，然后放手让孩子去尝试。跟孩子一起观看她所喜欢的明星的作品，比如前面说的五月天、周杰伦、李开复、李健、乔布斯、库克、福尔摩斯，等等。

二是重视和鼓励社会化行为。认真、正式地对待学校的家长会等家校交流活动。礼貌、热情地接待好孩子，邀请小伙伴到家里，支持孩子正常的社交活动。小学时候，大多数孩子住在附近，晚饭后聚集在小区做做游戏、跑跳玩耍，我们家都是非常支持的。上了初中，假期约上好朋友一起去图书馆学习，吃喜欢的美食，我们觉得都是很好的社交活动。每个年龄阶段都有朋友相伴成长，是一件美好的事情。

三是收集和展示孩子的作品。在客厅、卧室张贴孩子的作品作为正式的装饰。把孩子的作文、绘画作品等打印装订成册，在外人面前表扬孩子的进步。孩子用彩色卡纸剪出来的以蜜蜂为主题的卡通图像，很长时间是我们家客厅和卧室的最显眼装饰品。孩子初一假期在越秀公园自己制作一个圆柱形墨绿色陶瓷罐子，我们一直摆在客厅显眼的位置当笔筒使用。

四是记录和整理成长的印迹。收集孩子成长过程的影视图片资料，不定期地拿出来和孩子一起回放欣赏。记录下她口述的充满想象力的故事，保存好刊登孩子作品的报纸，帮孩子存起她获得的点滴稿费，收集孩子所获得的各种证书，收集孩子第一次完成任务的票据（比如第一次坐出租车的车票），整理孩子穿过的小衣服鞋袜。从幼儿园小班开始的画作、文摘，我们都收集装订成册。小学、初中、高中各个阶段的我们都给孩子编制成长档案。

五是接纳和疏导负面情绪。在孩子遭遇不顺的时候耐心倾听孩子的倾诉。有突发事件时及时地出现，做孩子心理上的靠山和港湾。孩子在初一第一学期刚刚住校时，因为宿舍轮值卫生达不到舍长的要求，被舍长同学罚扫宿舍一周，心理十分委屈，打电话向我哭诉。当时我对她的情绪表示理解，引导她不要着急，先去了解是不是对搞卫生的标准理解有所不同，如果确实没有达到要求，就要接受惩罚，认真搞好卫生，熟悉规则以后就不会在这方面出问题了。我并没有给孩子什么具体的建议，只是接纳了她当时的情绪。我相信这些生活中小挫折，孩子经过一段沉浸，很快就能适应过来。果真，我孩子与这位严格要求的舍长后来成了要好的朋友，还在假期结伴一起去学习思维导图。

诸如此类的不起眼的行为，却往往比物质和言语更能让孩子感受到你深深的爱。心理学的研究表明，温暖和接纳，是父母在孩子生命初期能够给予的最好的心灵滋养。展示"可视化的爱"是建立亲密的亲子关系的基础。从父母处获得被人尊重的体验，有利于以后孩子发展出高价值感、高自尊和高成就动机的品质。这些良好品质，是孩子抵御各种诱惑的有力武器。

当然，在家庭教育中，用各种各样的计划表、奖惩表、追踪表的方式来呈现对孩子行为习惯的培养，定期开家庭会议以及为孩子写育儿日记等，也是最为基础和通用的把对孩子的爱可视化的方式。

加强自我修养，家长诚实地做自己

作为普通人，谁都不是生来就会做父母的，大多是在带孩子的过程当中逢山开路遇水搭桥，在解决一个又一个问题的过程中，与孩子一起成长的。身为家长，能诚实地面对自己，承认自己的不足，才能客观地评价孩子，才能做一个情绪稳定的父母。如果父母不能接纳自己的不如意，进而转化成为对孩子过高的期望，逼迫孩子替自己去实现未竟的梦想，往往会造成家庭成员焦虑疲惫的局面。

在孩子的小学阶段，我会与孩子开展玩互评的游戏，互相写下或说出各自的优缺点，让孩子从小知道尺有所短寸有所长的道理，有时候也会与孩子转换角色，让孩子尝尝当父母的滋味。

下面是一份我在孩子二年级的时候与孩子互评的记录。

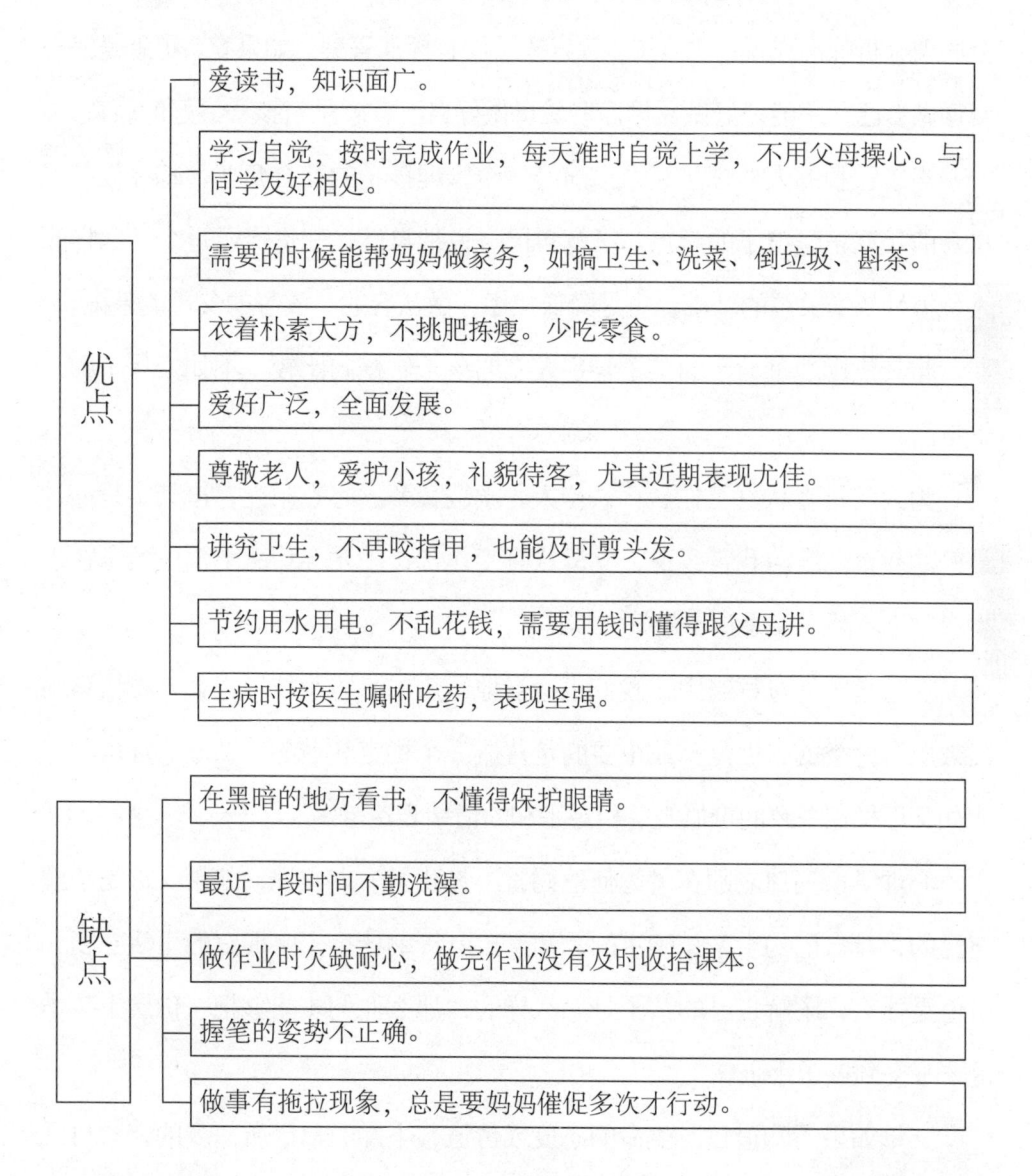

优点
- 爱读书，知识面广。
- 学习自觉，按时完成作业，每天准时自觉上学，不用父母操心。与同学友好相处。
- 需要的时候能帮妈妈做家务，如搞卫生、洗菜、倒垃圾、斟茶。
- 衣着朴素大方，不挑肥拣瘦。少吃零食。
- 爱好广泛，全面发展。
- 尊敬老人，爱护小孩，礼貌待客，尤其近期表现尤佳。
- 讲究卫生，不再咬指甲，也能及时剪头发。
- 节约用水用电。不乱花钱，需要用钱时懂得跟父母讲。
- 生病时按医生嘱咐吃药，表现坚强。

缺点
- 在黑暗的地方看书，不懂得保护眼睛。
- 最近一段时间不勤洗澡。
- 做作业时欠缺耐心，做完作业没有及时收拾课本。
- 握笔的姿势不正确。
- 做事有拖拉现象，总是要妈妈催促多次才行动。

我的孩子从小非常喜欢看书。按她自己在作文里写的，"见到有字的东西就要拿起来读"。这个习惯的养成我们也没有刻意去做什么，如果有，也只是潜移默化的影响，因为家里长辈都比较喜欢看书。这可能就应验了一种说法：做父母的教养子女第一条原则，就是要尊重以身作则。

华南师范大学心理学、国际分析心理学会分析师和国际沙盘游戏治疗学会心理分析师高岚说："其实，教养孩子没有标准答案。如果有，那就是——真诚做自己，才能好好做父母。"父母做好自己，就是对孩子最好的教育。

当了家长的人，都想努力扮演好一个管理孩子的社会角色，却往往忽视自身的状况正是孩子的起点。了解自己、悦纳自己，知道自己是个什么样的人是搞好亲子关系的基础，也是降低焦虑，做从容的、安静的父母的基础。

与其焦虑地拿自己的孩子与别人家的孩子做横向比较，不如聚焦了解一下自己。

为人父母者认真工作、真诚待人、孝敬长辈、心态阳光，这其实是一种最好的教育示范。我曾经说，父母认真工作，孩子才会认真上学。父母在人生道路上不断成长是孩子最好的榜样。

在带孩子的过程当中，我们也适当地运用了一些小技巧，如"皮格马利翁效应"之类的，但是，最重要的是营造一个稳定和谐的"私享小环境"，比如父母稳定一致的价值观、稳定平和的情绪表达等。

心理学家高岚老师在《为何爸妈看不见我》一书中说，如果父母是了解自己的，对自己的未来是确定的，知道自己接纳什么，要拥有的生活态度和价值是什么，了解自己的孩子是怎么样的，那么他们才能够把一份属于孩子的未来交到孩子手上。

父母如果不知道自己生命的态度或价值，不知道自己所需要的，对自己的未来充满迷茫，对自己的孩子不甚了解，而是简单地把所有的东西都叠加到孩子那里，告诉他们："你必须这么做，我是为你好，我为了你放弃了什么，我牺牲了什么，我们把什么都给你了。"这是很危险的！

赏识教育的提倡者周弘老师认为：教育孩子要像农民对待庄稼一样。农民从不抱怨庄稼长得不好，而是时时处处想着庄稼是不是该锄草了，是不是该施肥了，庄稼长得不好是不是自己没有管理好，等等。这其实就是说做父母的，主观都是愿意给予子女无条件的爱。但是，爱的施予也要讲究科学性和艺术性，就像园丁于花园，施肥浇水、修枝剪叶也得讲究适时适度，才能有效果。

有些行为我们做家长的可能意识不到，甚至习以为常，但其实对孩子有着深远的影响，比如：

过度包办——父母过度包办剥夺孩子自我成长的机会，会让孩子对自己生命的掌控感缺失，自主性得不到发展；包办过多时父母容易唠叨，像直升机一样在孩子周围嗡嗡嗡。父母的这种出于好心的行为，往往却是孩子出现拖拉、不自觉的原因。

过高期待——过高的期望给孩子造成心理压力，导致孩子启动自我防御机制，出现逃避、抗拒倾向，产生厌学、沉迷游戏、学习效率低的情况，即便是满足了父母的期待，也有可能成为一个脆弱的"学霸"。

过分散养、过于冷漠——在这种情况下，孩子的感受不被父母"看见"，容易产生无所适从、无助无力感；缺乏边界、家庭冷暴力的后果，使孩子终生陷于焦虑之中，导致脾气暴躁、行为出格、人际关系紧张、社会适应不良，等等。

孩子与父母相处的方式，往往会投射到一个人的行为习惯、思维模式、情绪处理方式以及与他人相处的模式上。从长远着想，作为父母不能不谦虚谨慎，不能不放下身段学习，也不能不终身成长。

现在，教育学、心理学的研究成果很多，市面上各种育儿书籍也很多，这些都能给家长许多的指导，关键在家长用心吸收，并因时因势、灵活落地运用。但是，说实在的，教育是一件复杂的事，孩子的成长充满了不确定性，再翔实的对策也不足以涵盖一个活生生的孩子随时随地出现的问题。家长也无须拘泥于某些具体的应对策略。放松心情，静待花开，坚定给予孩子信任、自由和无条件的爱，只有父母撑开足够大的天地让孩子自由驰骋，才是避免孩子成长过程碰得伤痕累累的关键。格局太小，反而容易磕碰。

父母是世界上没有上岗证就可以上岗的终身职业。但作为对孩子影响重大的这种身份，还是必须谦虚谨慎、小心翼翼，毕竟养育孩子这个有机体是一个复杂工程，绝不是机械的简单堆砌，稍不留神就不知道在哪一个环节一个细小的刺激就导致巨大的蝴蝶效应。

回过头来，如果一个家长想在养育孩子的过程当中比较淡定从容的话，还是要从基础做起。也就是说，在父母帮孩子练内功之前，首先是要自己练好内功，我称之为"淡定型家长养成记"。我们至少要学习包含怎么了解孩子、了解自己，怎么使用语言、正面教育、有效沟通、情绪管控、心理滋养等知识。针对这几个方面的内容，分别找到相应的经典书籍进行学习，至少可以让家长们在育儿的过程当中从容一些，减少不必要的焦虑，少走一些弯路。

总之，养育孩子的过程，就像是坐上一趟单向行驶的列车，没有回头路，错过了就错过了。拿我自己来说，尽管小心翼翼地绕过过度控制孩子、给孩子贴标签、"直升机父母"、限制孩子探索之类的坑，但还是有很多遗憾，比如逻辑思维方面的培养上有欠缺的，自身随意性太大对孩子有影响，对孩子身体锻炼重视不够，业余爱好的培养也是没做到位，父亲的参与度不够，等等。好在我也时常会自我安慰：家里搞装修，起初设计得再好，回过来看还是有不少的遗憾，何况是养育一个孩子，老老实实接受自己的不完美吧。

孩子是千差万别的,教养孩子也是没有标准答案的。作为父母,只能给予孩子陪伴和耐心、滋养和示范,并在过程当中让孩子知道,成长是自己的事、是终身的事,然后,静静等待孩子以自己的方式长成她想希望的样子。

以上就是一个仅仅带了一个娃的母亲的一点体会,错漏难免,如对年轻父母有参考价值,已是幸莫大焉。

谨以此文章,献给在我的育儿路上给了我最大帮助的父母。

朱琨瑶（Quain）

2008—2011 广州市育才实验学校

2011—2012 广州市执信中学

2012—2014 华南师范大学预科中心

2014—2018 剑桥大学心理学、教育学专业

申请文书前后

苏 达

2014年8月12日凌晨，女儿收到剑桥大学马德林学院（Madgalene college）心理与行为科学（Psychological Behavioural Sciences）专业的正式录取通知。自2013年11月26日收到剑桥大学的面试通知，2014年1月11日收到学院发出的预录取通知，再到收到正式录取通知，接近一年的漫长的大学申请季终于告一段落。

在申请大学的过程中，我们没有找中介服务，都靠小孩自己根据大学录取的要求亦步亦趋地推进，全过程DIY模式。作为家长，除了在她需要的时候，做好资料整理和提供财产证明之外，我们能给予小孩提供的帮助，主要是心理层面的支持。其他诸如大学选择、专业选择、签证、购机票、打疫苗等琐碎的事，都由小孩自己解决。打个不是很恰当的比喻，在申请学校的过程当中，小孩就像是一个作战部队的总司令，我们更像是后勤保障部门。随着申请进度的需要，她发出指令，我们就协助作战。

申请文书中的个人陈述（personal statement，简称"PS"）是敲开大学的大门的那块敲门砖，是对陌生的招聘官的第一声问候。每个申请国外大学的学生，都避免不了写申请书这一关。每个人的申请书写作方法和写作过程可能都不尽相同，在这里，我就以我小孩申请英国大学的文书写作过程为例，把文书写作的过程和一些心得体会做简单的介绍，供有需要的同行者参考。因为我们没有同时申请澳洲、加拿大、美国的大学，所以文章可以会有局限性，敬请谅解。

申请书写作的过程

1. 出于兴趣

小孩初中就读于广州市育才实验学校，高中入读的是广州市执信中学。高一下学期与班里其他三位同学一起，经过简单的考试，转到华南师范大学国际预科中心（优联 U-LINK）就读，学习英国高中 A-LEVEL 课程。

2012 年 8 月国际高中开学，学生可以通过试听自主选课。女儿试听后就很兴奋地告诉我，来自美国的心理学老师莎拉讲得太有趣了，她选课一定会选心理学。

女儿课业比较均衡，在此之前没有表现出对某个专业有这么大的热情，我们也没有多想，既然小孩喜欢就支持她吧。

这次依照兴趣的选课就成了她大学选择专业的起点。

2. 开始准备

对于一个半路转学到国际高中学生而言，这里所说的准备，既是学业上的准备，但又不仅仅是学业上的准备。

一是心理上的准备。在转入优联就读 A-LEVEL 的时候，我就跟女儿进行了一次沟通。我说，如果在普通高中就读，那么可以有参加国内高考和选择出国读书两种机会，但是转到国际高中，就意味着完全脱离了国内高中教育，剩下的就只有出国这条路了，这次的转学，也是自断了后路，退无可退，必须打醒精神，全力以赴。

二是课业上的准备。前面说了，女儿是读完高一后转到国际高中的 AS 阶段。按照英国大学的录取流程，从中学准高级水平考试（AS[①]）入学到开始申请大学，留给她的只有一年的时间。在仅有的这一年时间里，要做的事情太多太多了。过去十年的学生生涯，只要按部就班地按学校安排的课程表准时去上课、做老师布置的作业就可以了，顶多按自己的兴趣看几本课外书。而进入国际高中班，意味学生要面临的各种各样的选择和权衡：学习科目完全由学生根据试听后自己选择，不仅要考虑兴趣爱好，还要考虑 AS、A2（相当于高二高三）的衔接以及后面申请大学的各种可能。走班制教学需要学生快速地在各个教室之间奔走，每一节课都要和不同的同学组成一个班级。全英文的教学对学生也是一个重大挑战，教学的老师也不像普通高中那么相对稳定的。教学内容的深度、广度也对学生原有的知识体系和多年形成的学习习惯构成巨大的挑战。能快速适应并取得好成绩是申请大学的关键所在。好在 AS 这一年读下来，女儿 CIE 考试的成绩都能达到 A 或 A⁺ 水平。

三是标准化考试的准备。2013 年 3 月 2 日女儿第一次参加雅思考试，得到了总分 7.5 分的较好成绩。这为后面能够申请好一点的大学奠定了一个基础。

虽然女儿所在的这所国际高中，历年都有考取牛津、剑桥的同学，很多家长也是冲着这个美好结果而来的。但是说实在的，对于之前没想过出国读

[①] AS-Level（Advanced Subsidiary Level）是 A-Level 课程的一个特别组成部分。一门 AS-Level 科目在内容和分量上相当于一门 A-Level 科目的一半，深度和难度上与 A-Level 相当。

大学的我们，这些名校也只是在心里作为一个美好的愿望而已。我们对自己有清醒的认识，就是一个非常普通的小孩。申报剑桥大学，也是随着条件的逐步成熟，可能性越来越大，小孩的动机才逐步增强的。在这种前提下，跟随着剑桥大学招生的节奏，抓住每一次机会全力冲刺，迈上一个又一个台阶，最后才撞进了剑桥大学的。从这个角度说，快速地适应国际高中学习，把学习成绩提升到大学的录取门槛，是重中之重，否则一切免谈。

兴趣是最好的推动力，目标学校是最强的牵引。在逐渐明晰自己的专业和方向之后，同选修这门课的其他同学相比，女儿在心理学的学习上投入了极高的热情。她经常与老师交流，涉猎相关的书籍，浏览相关的专业网站，认真对待每一篇文章的撰写，探讨心理学的研究方法，对专业的热忱和取得的成绩深得授课老师的喜爱。

必要的社会实践活动和科研实践，是证明自己对专业投入的途径之一，也是国外大学很看重的内容。在 AS 这一年的紧张学习之余，女儿带领几个小伙伴，做了一项关于签字笔的用户调研实验。她以此实验为基础，模仿美国心理学会（American Psychological Association）的格式写出了像模像样的研究文章。她搞的这次实验，一方面是因为兴趣，她从小对各种文具情有独钟，喜欢收藏各种的文具；另一个方面也是她为了申请大学所做的准备之一。

对这次实验，女儿花足了功夫。首先是跑到文具店、批发市场，买了一捆捆不同品牌的签字笔。用胶带贴住每一支笔的 LOGO。分发给不同的被调查者，详细记录了被调查者对各种品牌的签字笔的书写流畅程度等指标的反馈。女儿对实验的过程设计事无巨细的操心。从品类选择、被试挑选、问卷设计、统计方法、控制条件、影响因素、实验结论，全部都按照当时条件下能做到的最好程度去做了。这个实验也很好地结合了兴趣和申请大学的需要，也结合了她所选的经济和心理两门课程。

她还利用放假时间，争取参与一些心理学相关的活动。参观了青少年心理咨询中心，作为被试参加了广州大学心理与脑科学研究中心的脑机研究项目。用自己所学到的心理学知识，模仿撰写了乔布斯性格分析论文。平时一有时间就尽可能地涉猎专业网站和书籍。

在高一的阶段，女儿也做了关于广州市天河区石牌街道"蜂窝效应"的实地调研报告，在全国环境地图大赛的评比中获了一等奖。

能够按照自己的意愿自主选择的专业，小孩再苦再累也会坚持。如果小孩本身没有热情和专注，即便是进入了心仪的大学，也会在顶级大学高强度的学习中败下阵来。

3. 形成初稿

初稿的撰写与紧张的 AS 学习是同步进行。剑桥国际考试委员会（Cambridge International Examinations，简称"CIE"）每年 5—6 月考试，8 月中旬出成绩。成绩一出来，按照英国的大学录取程序，很快就要进入填写 UCAS 的阶段了，因此，PS 的初稿要尽早完成。如果在学校夏假放假之前拿出初稿，还能争取得到老师放假前的指导。总之，可能的话，初稿越早完成，越能掌握主动。

当时小孩的初稿是这样处理的：

首先，罗列素材。把自己已经取得的一些成绩，到写文书的这个时点为止，如实验室参观、看过的学科书籍、竞赛获奖、写的文章等可能用到的经历，通通罗列出来。然后给自己的材料排序，看哪些比较有亮点，排除掉比较细枝末节的经历。

其次，素材分类。在罗列材料的基础上给它们分组。比如把读学术类书籍、学习网络公开课、写学术文章和做实验分到"理论知识"一类作为一组。其他材料归入应用、课外活动。

然后，排列顺序。根据自己想要表达的中心主旨，像论证作文一样，把材料组织成一篇完整的文章，按照材料之间的关系，可以采用熟悉的因果、并列、递进等方法。比如我们的申请文书的结构就是：背景介绍(intro)——理论知识(theoretical knowledge)——应用(application)——课外活动(extracurricular activities)——总结为何选择英国(conclusion)。

到此，一篇申请文书就有了雏形了。

4. 打磨成型

申请文书的最主要功能应该是通过文章向学校传达了"我是什么样的人，什么样的过往造就了这样的一个我，我为什么想进入这所大学，我为什么符合这所大学的录取要求"这样的信息。我们可以想象一下，一位陌生的大学招生官，拿起你的申请书，通过阅读你所写的这短短的几千字，在众多具备基本条件的申请人之中，决定给你发出录取通知书，或者引起兴趣发出面试通知，是不容易的事情。

为了达到上述的目的，把初稿润色好，我们采取了以下措施：

确定论述方式，文章的整体结构，女儿采用的是递进关系的写法，文书中的材料一环扣一环，层层递进地表达自身背景和学术能力。

审读。审些什么呢？主要是审核词、句、段落以及之间的关联。一是审查用词准确是否准确。对于不懂的可以查词典（指的是牛津高阶、牛津搭配、朗文等释义详细、例句丰富的词典），或者请教母语为英语的老师，务求字字过关。二是审查句子是否通顺。语法错误要反复筛查，句子与句子间要有关联，不要给人一种类似弹幕的错乱、重复感。这样，组成的段落才会科学、可看。

请人"挑刺"。把写好的文章大方地给不同类型的人看，虚心听取不同背景的读者的宝贵意见。女儿利用的资源有：学校的升学辅导员（further studies counsellor）看结构，英语老师看语句通顺，心理学科的老师看学科内容是否靠谱，同学间可以互相同行评议（peerreview）一下；家人可以看可读性和流畅程度，因为个人陈述毕竟是在讲自己的经历，看你能不能够吸引别人读下去；周围英文功底比较好的叔叔阿姨，都可以请来帮忙评价一下文章。虽说自己最了解自己，但是别人的意见还是能从一定程度上告诉你这篇个人陈述的效果。

有些辅导机构（当时我们所在地附近的专门辅导申请牛津、剑桥俗称"牛剑营"的机构），也有辅导文书的服务，但是好像都是牛津、剑桥在校生在修改，受其个人专业的限制，视角可能比较单一。另外，网站上也有可以参考借鉴的范文。

总之，在撰写文书过程当中虚心求教，博采各家之长，不厌其烦地修改。这样，才有可能写出一篇中心思想清晰、段落层次分明、表达地道通畅、材料真实可靠、态度诚恳朴实的申请文书。

5. 申报结果

女儿 AS 的成绩达到了牛津、剑桥的基本要求。按照英国申报大学最多选五间的规定，我们申请了以学院制教学的剑桥大学和杜伦大学，同时选择了比较新的巴斯大学，古老的格拉斯哥大学，还有伦敦大学学院。五所大学都发出了录取通知。其中剑桥大学给出的正式录取条件为 A-LEVEL 至少两科达到 A^+、雅思 7.5 分以上。

经过一年的 A2 阶段学习，A-LEVEL 成绩和 2014 年 6 月 28 日第二次参加雅思考试的 8.0 分，都达到了预录给出的条件，顺利进入剑桥大学。

英国大学的录取机制也是蛮有意思的。以剑桥大学为例，学校就像远处向你招手的一面旗子。当学生的高中分数达到一定水平，它会对你说，你可以申请的哦，吸引你爬上前面的第一级台阶。筛选出一部分学生后，学校会对你说，你可以来参加面试哦，吸引你爬上第二级台阶。面试完了，它对你说，要是再多一年的学习，你能达到我开出的这些条件，你就可以有机会进入我们学校，吸引你继续迈向第三级台阶。这个过程就是学生在目标的引导下，一步一步地突破自我、实现自己目标的过程。整个招录的过程，既是对学生的选拔，更是对学生心智磨炼。

申请文书注意的事项

1. 注意细节，避免低端错误

学科比如 mathematics（数学），psychology（心理学）都不用像平时那样首字母大写。注意 UCAS 申请系统对于申请文书字数、行数的规定，尽量做到心中有数，避免等到上传不了才急急忙忙进行删减。

2. 材料聚焦，避免蜻蜓点水

建议文书中就申报专业中的某一个领域详细描述经历、阐发感想。比如，举例说明书中提到的一种心理疾病，而不是泛泛而谈心理学知识。要既有广度又有深度。你特别喜欢这个专业的什么领域呀？你为啥喜欢这个专业呀？什么经历或者经验使你如此着迷呀？交代清楚，有头有尾。

3. 简明扼要，语言尽量平实

告诉看 PS 的人 what、why & how 等信息，尽量避免没头没脑地就说 "I like/ love……"。

4. 必要资质，尽早准备积累

请老师或其他人写的推荐信提前准备好。与学科有关的实验、实践活动事先准备。标准化考试如雅思、托福等成绩尽可能早地拿到。

心得体会

1. 学业成绩是根本保证，申请文书是锦上添花

不管是申请哪个国家的大学，课业成绩都是有要求的。不管是哪个大学、哪个专业，达到要求的考试成绩和语言能力成绩都是根本所在。没有这个根本，再好的申请文书也是无米之炊。

2. 热爱专业是申请前提，实践活动是辅导说明

对专业的热爱程度体现在对学术的投入、跟踪和琢磨，研究设计和实践活动都是从侧面证明学生对专业的热情和具备的学术能力。

3. 语言能力靠厚积薄发，叙述效果靠真实流畅

如果有出国留学的意向，非母语的学生，一定要提早打好扎实的语言基础，毕竟语言能力不是靠一朝一夕就能突击过关的。只有比较扎实的功底，才能写好文书，也才能在正式留学之后较好地适应学习。

申请文书的写作最好是诚恳朴实、通畅道地、娓娓道来。站在对方的角度去思考，招聘官要阅读来自全世界那么多学子文章，精力也是有限，简单明了也是对他们的尊重。

4. 涉猎专业的书籍，浏览专业的网站

作为非本土学生，在教学方面与本土学生肯定存在着差异。为进入大学做好准备，也为面试做准备的话，最好平时多多涉猎专业的书籍，浏览专业的网站，多多动笔撰写专业短文以备用。申请剑桥大学要填剑桥大学在线初步申请（Cambridge Online Preliminary Application，简称"COPA"），要再写一篇短一点的额外的个人陈述（Additional PS）。剑桥有些文科学院是要求交两篇文章。文章都是大脑吸收之后的输出，为了有能力拿出好文章，必须要有足够的输入为基础。

以上就是女儿针对申请英国大学特别是剑桥大学心理学专业的文书的一点小小体会，供有需要的同学参考。毕竟时间已经过去好几年，形势发展也很快。过往的经验与当前的形势不一定相适应，因此，错漏之处，敬请包涵。

仰望星空　脚踏实地

吴张勤

最初决定写这篇文章，题目准备用"从贵州大山走进剑桥的女孩"，可孩子不赞同这样写。结合求学和成长的经历，孩子拟了"仰望星空，脚踏实地"这个标题。我想这应该是孩子内心的真实表达，既有美好的人生理想和奋斗目标，又有吃苦耐劳的精神与健康的学习态度，同时也感受到孩子多年来在异国他乡求学的不易。

我和我先生都是云贵高原黔北山村的农家子女，祖祖辈辈都生活在山沟里，过着地道的农村生活，饱尝别有滋味的童年。家乡的村子很小，大山却很大，直接堵住门前的路，虽没有遮天，的确常常蔽日，也挡住了飘来飘去的云。最值得留念的，是夏天的夜晚，星空很美，美得纯净、灿烂，在旷远中带着奢侈的梦！写完作业吹灭油灯，我常常坐在田坎上呆呆地望着一闪一闪的星星，总是一厢情愿地以为那满天星光便是我的世界。那时还很年轻的老父亲轻轻地告诉我："闺女呀，爬过门前这座大山，蹚过山脚那条河，七弯八绕地走过几公里山路水路，星星闪的地方就是茅台镇，那里产茅台酒，一条河都是美酒。"父亲读过书，见过世面，是老家的名人，曾一步一步地走着去过县城。他说的应该不会错！人到中年，愈加感恩我的山村，感恩我的父亲！

20世纪90年代初，我和我的先生相继到省城读大学，有幸结识许多同学，有缘交往许多朋友，当然更多的是要感谢先生给予我关心关爱、包容理解，一直你搀我扶走到现在，把深深的爱情化为浓浓的亲情。当初，从茅台镇坐班车到贵州省会贵阳要颠簸一天的时间。近十年，贵州省"县县通高速，村村通公路"，通乡路、连村路已修到大山深处的每村每户。我和先生从小都有一个不约而同的目标：靠读书改变自己！或许是我们从小生活的环境和成长历程，给女儿袁诚蔚从思想上带来或多或少的影响。说句心里话，我们自己也没有想到女儿会进剑桥，本硕博苦学到今天，正如当年的我们也只是尽量努力走好每一步，从没有想到要走到省城干事创业。说起孩子的成长历程，优秀的父母和杰出的孩子太多了，我只能在此说说陪伴女儿成长过程中的一些难忘经历。

习　惯

自从女儿出生以来，我和我先生就有一种默契，不管工作再忙也必须有一人来陪伴她，这并不是怕她不独立、娇惯她，而是在陪伴她、接送她上下学的过程中和她交流，通过她的喜怒哀乐了解她的内心世界，引导她从小做人必须善良。在学习上，培养她主动学习、主动阅读，在书中获得内心的喜悦和乐趣。

诚蔚从小就是十分听话，学习用功，成绩优秀。从上小学开始，每天都给孩子一块钱的零花钱，我把从银行换回来的一扎一元的零钱放在出门的地方，告诉她每天只能拿一元，她每次也只拿一元。这让她慢慢懂得遵守规矩。虽然拿的是零花钱，但是基本上都是攒着去买书了。从小学到初中，她一旦有时间就经常去贵阳市最大的书店，西南风和万卷书城都是她的最爱。当然每次去都是看得多、买得少，在书店可以一待就是一天。五年前，我们换了一套大一些的住房，搬家的时候才发现孩子留下来的书居然装了大半车。我曾经问过孩子："你买这么多书都看过吗？"她说："不仅看过，有些书还不止看一遍呢！"孩子喜欢阅读，不分类别，对科普、小说、天文、医学等都有兴趣。初一的暑假里，孩子的小表弟从遵义来家里玩，她拉着他的手一副老中医的样子说要给他把把脉，原来那些天她正在看《黄帝内经》。好的读书习惯也是慢慢养成的。

说到习惯，一直是我们从小最看重的。在女儿小学三年级放寒假前，她忙于期末考试，房间几天未收拾，比较零乱。正好孩子的舅妈来贵阳办事，说第三天来接她回茅台玩，女儿很兴奋，我也应允了，但告诉她第二天必须把房间收拾整洁，打扫干净卫生，孩子也答应了。刚考完期末考试，她就和同学出去玩了个尽兴，结果未整理房间。第三天早上，舅妈的车就在楼下等她，她自己也知错，求我原谅她一次，让她去。其实，我也很矛盾，女儿嘛，有什么不可原谅的呢？可我又怎能向不守信的行为妥协呢？最后，她自己哭着下楼去给她舅妈解释，给我认错道歉。

在以后的生活和学习中，她基本上不会犯同样的错了，这也是我们特别看重的。养成良好习惯对孩子的成长非常重要。

目 标

  2008年7月18日，在女儿的小学毕业假期中，学校组织去剑桥大学夏令营活动。我和我先生想着让她出去开开眼界，给她报了名。夏令营活动内容之一便是在剑桥大学参观与上学体验。从剑桥大学回来的那天，我清楚记得是2008年8月8日的早上，跑出飞机的第一句话就是："妈妈，我要考剑桥大学，我有一件衣服掉那儿了，这是天意！"才12岁的孩子说这话我没当真，心里认为是玩笑话，嘴上还是鼓励她："好啊，那你得努力学习，考世界名校比清华北大难多了。"我没想到她当真了，目标就是剑桥大学。她从网上查资料了解考进剑桥雅思要7分以上，如果多门语言更有优势。于是，她悄悄地把自己的压岁钱拿去学法语（因中考高考不考法语，所以我反对去学法语）。她又了解到从贵州直接考进剑桥不现实（我们当时也不知道有像国际交流学校这样专业的学校），要有英国的高中学历，必须去英国读两年高中。在英国读好的高中最好有国内一年高一的经历，她自己在为她的目标做一切准备和努力。这些都是我们后来才知道的。从上初中后，学习任务重，每天回来看见她都在学习，周末也在书店待的时间多，假期也是自己安排。初中毕业后，孩子考入贵阳市实验三中。高一的这一年，她的成绩在班上还是名列前茅的，而且还担任班长职务。我们家长一心想着她认真学习考入贵阳最好的高中，那重点大学就不用操心了，上了重点高中也达到我们的理想。高一快结束时，她突然说已经联系好英国的高中了，要出国。我们是坚决不同意，孩子太小，只有15岁，又是女孩，从小到大都没离开过父母，怎么让我们放心？原来在高一的学习中，她还是在为去剑桥大学做着准备。她自己准备着与英国相关学校的联系和网上的面试。当一切妥当后，她兴高采烈地告诉我："只管准备保证金就行，所有的一切都弄好了。"我和先生也商量，事已至此，强行不准去吧，怕激化她思想，何况去剑桥上学是好事中的好事呀，只好在忐忑中顺水推舟地同意让她去了。她高兴得手舞足蹈，并且信誓旦旦："我三年后就是剑桥大学学生了！"

责　任

女儿从 2012 年去英国，她自己联系好的一年语言学校和两年牛津高中。她自己选学校找住处求学的过程中，吃过不少苦，享受过孤独和无助，但她从未说过，一心奔向剑桥大学。功夫不负有心人。2015 年她考进了剑桥大学，在冈维尔凯斯学院学习自然科学基因遗传。得到录取通知书时只兴奋了瞬间，她对我说："妈妈，能进名校的学生都优秀、聪明、高智商，我的起点太低了，只有更努力地学习才能追赶上他们。妈妈，你知道我为什么选这个专业吗？因为我在读高中时，周末去儿童福利院做义工，看见残疾儿童很可怜，我就在想自己学点什么可以帮助到他们，所以选这个专业。我知道学这专业很苦，长期做实验很孤独，以后也很清贫，但我总在想，我来到社会上总该做点什么吧。"

从孩子 2012 年去英国，一直到 2018 年大学毕业，我去参加她的大学毕业典礼，第一次去看她在校期间的学习和生活，每学期频繁地搬宿舍都是她自己独立面对，去到英国和家长同学们聊起来才知这一路走来她有多么不容易。从本科到硕士到现在博二了，她一直坚持她的理想并为之拼搏，作为家长只有尊重她的选择,希望她平安健康快乐就好。或许就像她告诉我们的一句话吧:"请您记住我一路奔跑的样子,不要去惦记终点的位置!"

　　人生是场长长的马拉松,耐心就是实力,别怕,终点总会达到!

　　回望走过的和正走着的路,才真正懂得"人间都是天堂,世上没有走不到的远方"!真心感恩我们的父亲母亲,感激我们的良师益友,感谢我的先生,感念我的女儿!袁诚蔚,你已长大了,陪伴你成长的过程是我们这一生最宝贵的财富,希望你就像自己说的话一样:努力了,无愧于心!

袁诚蔚(Rika)

2008—2011 贵阳市第十八中学初中

2011—2012 贵阳市实验三中高一

2012—2013 贝德福德预科

2013—2015 牛津德沃布鲁克斯高中

2015—2018 剑桥冈维尔凯恩斯学院自然科学本科

2018—2019 剑桥冈维尔凯恩斯学院自然科学硕士(基因遗传专业)

2020年至今 剑桥冈维尔凯恩斯学院自然科学博士(全额奖学金,基因遗传专业)

人生的道路不止一条

胡　萍

根儿被剑桥拒绝读博，是福还是祸？

　　根儿从小的梦想就是做科学家，这一点他从未动摇过，我们对他的梦想也从未质疑过。他在考入剑桥大学后，从本科一直到硕士都非常顺利，继续读博士是成为科学家的必经之路。于是，根儿向剑桥大学申请读博士，却被拒绝了，这是2016年4月发生的事情。

　　剑桥大学对拒绝从不做解释，也不会回答申请人"为什么拒绝"之类的问题。根儿当晚一夜未眠，他想不通为什么剑桥要拒绝他的申请，他认为自己学业成绩优异，在剑桥大学四年的学习中，两年获得优秀学生奖，两度被载入当年的《剑桥大学年鉴》。当一大早接到根儿电话的时候，我能够感受到他的悲伤和痛苦，因为一直坚信会在剑桥大学读博士。当年他直接拒绝了美国两所大学读博士的邀请，放弃了日本一所大学在剑桥招收博士的机会，也从未想到去找工作。现在，博士申请被拒，根儿不知道何去何从。

　　在电话里我告诉根儿："既然事情已经成这样，先把硕士毕业论文做好，毕业后再思考下一步如何走吧。"除了安慰他，我还希望他能够明白：任何事情的发生都有好的一面，也有不好的一面，被剑桥拒绝也许是天意，上天不想让你一直待在一个大学里学习,希望你看到更精彩的世界。当然,当时说这样的话,除了我相信这个世界有亘古不变的真理,更多的是安慰他,根儿基本不会听进去。

2016年6月我们去到剑桥大学参加根儿的毕业典礼,看到他的情绪不错,且有计划地带着我们游览他觉得应该去的教堂和风景点。回到深圳之后,我们安静了下来。此时我们发现,在剑桥大学毕业之后,所有一切归零,根儿开始思考自己的人生之路。当我们与他探讨未来的发展方向时,根儿也不知道自己的路在何方,他只是告诉我们:"你们要给我时间,我需要想清楚,才能够行动,我现在不想为了挣钱去工作,那不是我想要的生活。"

我在一个由剑桥家长组成的群里,常常看到他们的孩子从名校毕业后,找到了很好的工作。我有时候会产生焦虑,不知道自己的孩子将来会怎样。看到根儿迷茫地待在家里,我们更是迷茫,希望他不要成为"啃老一族",答应给他半年时间思考,之后要去找工作,一边工作一边思考自己的未来;而孟爸比我有智慧,他坚持根儿不要急于找份工作,要先想清楚未来想做什么,再行动,即使找的工作也要与未来发展的方向一致,否则就是浪费时间。当我迷茫焦虑的时候,孟爸会宽慰我:"我们的儿子一定不会成为'啃老一族'的,他是有尊严的人!"

曾经看到过一篇文章,我大致记得文章的观点:中国的"90后",是中国100年来能够按照自己意志生活的第一批人,基于历史的原因,"90后"中的部分人,因为父辈的积累,他们可以不为了挣钱而做自己不愿意做的事情,他们对自己的生命负责任,希望自己的人生能够更精彩。当时看到这篇文章时,我也在思考——的确,我们这一代人和我们的上一代人,都是为了生存在拼搏。到了根儿这一代,如果他愿意成为科学家,我不会强求他大学毕业后尽快挣钱养活自己，会支持和鼓励他，直到他的梦想实现。

2016年11月，距离根儿剑桥大学毕业近半年后，一天晚上，根儿很认真地要与我们谈话，我和孟爸正襟危坐。

根儿说："我已经想清楚自己未来要做什么了，我想做科学家，科学家能够帮助人类，我还想像妈妈一样，做对人类有益的事情。"当时我有突然的感动，也才明白儿子一直在关注自己。

我说："可是，做妈妈这样的人，很辛苦，还可能挣不了很多钱。"

根儿说："妈妈，你不需要挣很多钱，但你活得有意义，我不需要很多钱，我又不穿名牌，也不开豪车，也不用奢侈品，我可以穿5元钱一件的T恤，只要舒服就可以，我只是想做自己喜欢的事情，过简单、有意义的生活。"

我说："是的，我活得很有价值感，虽然挣钱少，但我可以租房住，我每天都过得很幸福、充实，我希望你将来也能够这样。"我很欣喜能够与儿子进行心灵层面的沟通，更欣慰他的人生观和价值观与我的如此一致。那个时候他24岁。

根儿说："我想告诉你们，我决定去中科院做实习生，在中科院里找到我的专业方向，然后考虑申请博士研究方向。"

孟爸说："这是个好主意，既然想成为科学家，就应该去中科院。"

根儿说："如果去中科院做实习生，我挣不了钱，所以，你们还要养我两年，以后我会养活自己的。"

孟爸说："没有问题！儿子要成为科学家，老爸自然支持！"

根儿的脸上立即露出了笑容，我想，他在提出让我们再养他两年的时候，内心一定有顾虑，因为我们曾经告诉"大学毕业后要独立，要能够养活自己"。看到我们如此理解和支持他，他的内心一定是幸福的。

我与孟爸一直希望他能够找到自己喜欢做的事情。虽然做科学家是一个方向，但做一个什么样的科学家才能够让根儿快乐，根儿需要寻找到适合自己的研究，也需要时间和机遇。

我们的谈话结束后，已经是夜里11点。根儿立即起身，说："现在我就去看看中科院的网站，看有没有招聘实习生的信息的。"几分钟后，根儿告诉我，中科院上海有机化学研究所一个项目研究小组正在招聘研究助理，这个项目是一个美国科学家、诺贝尔奖得主巴莱先生[①]与中科院合作的项目，他决定投放简历了。根儿说："我要是能够被录取，就是幸运，能够做诺贝尔奖得主的研究助理，那是多么幸运的一件事情哦！"我看了一下，这份招聘启事已经挂了半年，还不知道是否有效。

根儿发送邮件15分钟后，就收到回复，他被要求立即动身去上海，因为巴莱先生正在上海，要对根儿进行面试。第二天，根儿就动身去了上海。

鉴于根儿在剑桥大学的专业为化学合成，巴莱先生也是一位化学家，应该说巴莱先生引领着根儿沿着自己的专业方向向前走，这是我和孟爸非常看重的一点。在现代社会，专业分工越来越精细化，一个人在一个行业或者一个专业上专心致志十年，就能够成为这个行业或者专业的专家，这就是我们常说的"一万小时定律"[②]。根儿希望自己能够在专业领域成为顶尖的科学家，这个目标的达成，最少要在专业领域磨砺十年以上。

---

① 巴莱·夏普莱斯（K.Barry Sharpless），美国人文与科学院、美国科学院两院院士，在世界知名的美国斯克里普斯研究所有自己的实验室，为该研究所化学教授。巴莱先生于2001年获得诺贝尔化学奖。2013年，他获得了被誉为"诺贝尔风向标"的"汤森路透引文桂冠奖"，并且被该专业机构预测有望再次问鼎诺贝尔化学奖。
② 一万小时定律是作家格拉德威尔在《异类》一书中指出的定律。"人们眼中的天才之所以卓越非凡，并非天资超人一等，而是付出了持续不断的努力。1万小时的锤炼是任何人从平凡变成世界级大师的必要条件。"

根儿到达上海后,接受了巴莱先生的面试,同时还参加巴莱先生与另一位诺贝尔奖获得者的演讲会。回到深圳后,根儿满脸兴奋。

我问他:"巴莱先生面试时问了你什么问题?"根儿面试剑桥大学的时候,我也提出了这个问题。

根儿说:"我才一开口,他就夸赞我英语怎么这么好,哈哈!他问我为什么不在剑桥读博士,对化学研究有什么想法。"

我说:"你怎么回答?"

根儿说:"我告诉他剑桥拒绝了我。在谈到对化学研究的想法时,我和巴莱先生很有同感,我们都不喜欢现代流行的化学研究模式,我们喜欢打破常规,喜欢有新的想法,这一点我和巴莱先生非常投缘。"根儿谈到他与巴莱的面试谈话,眼睛里冒着我久违了的光芒。那一刻,我知道他找到自己生命中想要的了。

我说:"巴莱先生想找什么样的人做助理,他提出条件了吗?他最后说了什么话?"我喜欢了解这些与众不同的人,他们在面试的时候会有怎样的与众不同之处。

根儿说:"巴莱先生说,他要找的人,是能够给他带来新想法和新思想的人,而不是他需要去教导的人。"我心里暗暗想,巴莱的确是与众不同啊!

根儿和巴莱先生相谈甚欢。半小时后,巴莱先生对根儿说:"你去办手续吧。"就这样,根儿与巴莱先生结缘。2016年12月,根儿正式加入巴莱先生项目研究小组。

在加入研究项目后,根儿渐渐了解了巴莱先生,根儿描述的巴莱先生是这样的:他在一次化学实验中,没有遵守规则戴上护目镜,一只眼睛被炸伤了;他每天都有新的想法,让我们去实验;每天见到他的时候,都会听到他的新想法，滔滔不绝，别人无法插话；他每天会忘记吃饭，需要提醒他吃饭，如果在中国，他的夫人会在该吃饭的时间打电话提醒助理，让他按时吃饭；他的思想与剑桥大学的化学家们很不一样，很刺激、很新鲜；他认为化学应该是简单的，不是现在这个样子，现在的化学越来越复杂，不是人类应该有的化学；他能够改变化学传统思维；他75岁了，但像个老顽童，每天奇思妙想无人能及；我想成为他这样的科学家……

在与根儿的交流中，我们谈到了剑桥大学化学家们与巴莱先生的不同。我和根儿认为：剑桥大学拒绝根儿读博，是根儿与教授们没有找到共鸣，不是根儿差，也不是剑桥大学的问题，是双方不在一个频道。记得根儿和我谈到在剑桥大学读博申请中，他提出要用全新的方法研制新药，这个观点没有打动剑桥大学的教授，但这个观点却与巴莱先生同频共振。现在，根儿所在的研究小组正是在进行这样的实验，这是让根儿异常兴奋的地方，他觉得自己找到了值得做的事情，遇到了巴莱先生是自己一生的幸运。

当年在剑桥大学读硕士的时候，根儿对每天缺少新意的化学实验感到乏味，他认为这样的学习不适合自己，没有刺激，缺乏激情。进入剑桥大学后，根儿对自己的定位就是要做一个探索未知世界的科学家，发现人类没有发现的东西，然后造福人类，但每天面对缺乏新意的现实让根儿很郁闷。因此，他毕业后有一段时间想开餐厅，认为开餐厅每天可以做不同口味和花样的菜，每天可以有新鲜的创造和作品，那样才是有刺激的生活。

在加入巴莱先生的课题组后，我们有了这样的一段对话——

我说："现在还想开餐厅吗？"

根儿说："不开了，没有精力，也没有钱。"

我说："当初你开餐厅是为了每天有创新，现在你的化学实验也可以每天有新东西吸引你，所以，没有必要开餐厅了，是这样吗？"

根儿回答说："是的。"

我说："如果你以后想做美食了，就做给老婆和孩子吃；如果还想更多的人吃上你的美食，就请你的朋友和同事来吃。总之，厨艺可以作为你的业余爱好吧。"

根儿说："以后再说吧。"

总之，开一家自己的美食小餐厅，私人定制的那种，也是根儿的一个梦想。

我说："你的梦想有两个，我们排个顺序，先实现科学家的梦想，再实现大厨梦。"

根儿在巴莱先生的研究小组已经工作整整一年，这一年中常常工作到晚上才下班，有一段时间因为写论文，工作到凌晨1—2点，他从不抱怨。工作为他带来的极大的精神满足。虽然租住在小小的出租房里，他依然把自己的生活过得有条有理，每晚坚持去健身房，每天做美食满足自己。

根儿是幸运的，他站在巴莱先生这位巨人的肩上，找到了生命的方向，在每一天的实验中幸福、开心着。这也是我们期望的他的生活。此时，根儿这才理解我当初说的那些话："有些事情发生了，要看到这件事好的一方面，也要看到不好的一方面。"任何事物都有两个方面，这是一种哲学观，教会孩子用哲学的观点看待生活中发生的每一件事情，让孩子获得生活的智慧，这样的智慧会给孩子一生带来好运。被剑桥拒绝，被巴莱先生接纳，这件事情让根儿深深地明白了这个哲学观点。学会用哲学方法看世界，看待自己的幸与不幸，他才能够变得大度与包容，与这个世界和谐相处。

当根儿对巴莱先生越来越了解之后，他萌生读巴莱先生的博士的愿望，但根儿是个谨慎的人，他说巴莱先生从来不看你背景，不看你的考试成绩，也不听你能够讲多少知识，他要看你做的实验和对实验的分析是否有价值。根儿埋头做研究，希望能够让巴莱先生发现自己。

当根儿做出成绩后，巴莱先生却误以为根儿是中科院的在读博士，他提出了想等根儿博士毕业后请根儿去美国，到他的实验室工作。按照全世界的规则，博士一般不可以"跳槽"，如果根儿是中科院在读博士，就不可以读巴莱先生的博士了。根儿立即和他讲明自己只是在中科院做研究助理（其实就是临时工），不是中科院的博士，并提出自己希望去巴莱先生的实验室，在巴莱先生的指导下读博士。巴莱先生没有立即回答，只是说自己回美国后，安排实验室工作后再答复根儿。

2017年12月，巴莱先生与其他三位诺贝尔奖获得者一起从美国来到深圳，与深圳市政府合作，成立了深圳前海诺贝尔奖科学家应用研究院，该研究院主要的方向是转化科学家们的研究成果。从深圳到上海后，巴莱先生对根儿说："欢迎你随时去我的实验室读博士！"根儿准备完成目前正在进行的重要实验项目后，正式去美国斯克里普斯研究所巴莱教授的实验室读博士。

老子说"祸兮福之所倚，福兮祸之所伏"，西方也有句老话："上天为你关上一扇门，一定会为你打开一扇窗。"对于孩子的命运来说，生命中每一件发生的重要事情，或许都蕴含着宇宙的规律。

当孩子从大学毕业后，或许他们还没有真正想好自己未来的发展方向，给孩子一个间隔年，让他们能够沉下来，思考清楚自己想要什么，想走什么样的人生之路。我们父母所需要做的就是信任孩子，就像孟爸信任根儿一样，特别是一些与众不同的孩子，他们有与众不同的人生之路，给予他们时间与空间、宽容与理解，能够让他们从容地追逐心中的梦想！

根儿以第一作者身份在《自然》（Native）发表科研论文经历

10月1日是我们的国庆节，这一天在天安门有阅兵式，孟爸早早地开了电视，等待着阅兵式的开始。

我在书房里工作，手机上突然显示根儿发来的微信，内容是他以第一作者的身份在《自然》期刊上发表的科研论文截图以及文章的链接。我异常激动，虽然之前已经知道他的文章会发表在《自然》上，我是有心理准备的，但当看到真实的《自然》期刊上，他的名字排在作者一栏的第一时，我还是异常兴奋，对孟爸说："儿子才26岁，《自然》是世界顶级科研期刊，太不容易了！"正在兴奋和激动之时，国庆阅兵式开始了，此时电视里礼炮声连续响起，在国庆之日，收获儿子的喜讯，幸福满满！

巴莱在获得诺贝尔化学奖之前，已经开始研究点击化学，他认为化学应该简单、实用和可靠性到极致。从这个思想出发，他开始了颠覆传统化学思维的革命性研究，在早期研究中遭到很多人的不解。在根儿进入研究小组的时候，巴莱已经进行了二十多年的研究，这个研究正是到了出成果的最后阶段，这是根儿的运气。在2018年，研究小组在巴莱之前的研究上出了一个成果，根儿以共同第一作者身份在《德国应用化学》（Angewandte Chemie）杂志发表论文。在这个研究成果出来之后，巴莱历时二十多年的研究，已经走到最后一步，只剩下了皇冠上的那颗明珠还在等待有人摘下。一旦摘下这颗明珠，巴莱的这项研究就终成正果。

2018年8月，我们全家汇聚江西南昌，为我父亲做九十大寿。根儿从小是由我父母照顾，所以他也从上海到南昌为外公庆寿。到达南昌那一晚，我们一家三口去餐厅吃饭。走在路上时，根儿兴奋地和我讲述他的一个实验。

根儿说："妈妈，我在实验的时候有了一个发现——太开心了，当科学家不需要太聪明，只要胆大心细就可以。"

我说："怎么解释这个胆大心细啊？"

根儿说："做实验的时候，有同事都不敢用水来做，担心爆炸，他们尝试了其他溶液，都没有出现反应。我用水来做了，我不担心爆炸，这个叫胆大；当我把实验物放进水里后，大家看了，都说没有反应，我认真仔细看，看到一丝丝反应，水里有很少的小泡泡，于是我就到机器上看数据，发现数据变化了，这就是心细。胆大心细才能够有新的突破和发现，这不需要有多聪明啊！"

在他描述这个过程的时候，我的脑海里出现了他当年在家里烤牛排、烤面包、做甜品、做意面、炖罗宋汤的系列场景。他锻炼厨艺的时候，就是自己创新，试着在食物里放各种调料，试着不同程度的火候，然后看食物呈现出来的美味是咋样的，整个就是一个做科学实验的架势。甚至，牛排买上几块，用不同的火候烤出不同程度的成熟度，再品尝各种成熟度的味道，然后进行改进……我在想，当初我们支持他锻炼厨艺，奠定了他对实验的不停创新和认真观察的习惯，才有了今天这样的一个实验创新和过程。

我说："这个实验让你这么开心，有什么价值啊！"

根儿说:"哎呀,你也不懂我们的点击化学①。打个比方来说,以前要发现一个新药物,需要大量的人力和时间,一个化合物一个化合物去试,看哪一个化合物可以杀死某个病菌,这是一个很漫长的过程。现在我们发现的方法可以大大缩短这个时间,比如,以前600个人工用6年时间来找新药分子的工作,用我们的方法,一天一个人就可以搞定,甚至更快,世界上研究新药的方法就被彻底颠覆了。我们的方法如果应用到找新材料,也是超速的,你明白了吧。"

我说:"颠覆了现在的制药领域,加快速度找到新药,新药也降低了成本,病人以后用药会减少经济上的负担,这是为人类造福的大事情啊!儿子,你们这个小组做了一件改变人类的大事情啊!巴莱先生很开心吧?"

根儿说:"巴莱先生听到实验成功后,立即从美国飞来上海,他好开心,他说这个实验是世界上最漂亮的一个化学实验!"

当时,我还不知道这个实验的成功,意味着皇冠上的那颗明珠被根儿和他的伙伴们摘下来了,我当时更关心的是根儿的成就是否能够被巴莱看见,因为我希望他能够邀请根儿去美国读博士。作为未来想成为科学家的根儿,读博士是必经之路。

从南昌回来后,根儿与科研小组的同伴非常忙碌,为这个实验结果的完

---

① 点击化学(Click chemistry),又译为"链接化学""速配接合组合式化学",是由化学家巴里·夏普莱斯(K B Sharpless)在2001年引入的一个合成概念,主旨是通过小单元的拼接,来快速可靠地完成形形色色分子的化学合成。它尤其强调开辟以碳—杂原子键(C-X-C)合成为基础的组合化学新方法,并借助这些反应(点击反应)来简单高效地获得分子多样性。点击化学的代表反应为铜催化的叠氮—炔基 Husigen 环加成反应(Copper-Catalyzed Azide - Alkyne Cycloaddition)。点击化学的概念对化学合成领域有很大的贡献,在药物开发和生物医用材料等的诸多领域中,它已经成为最为有用和吸引人的合成理念之一。

善，要做更多的实验，积累更多的数据，经常忙到夜里12点之后，周末也在工作，除了要完成实验和数据收集，还要负责写论文，负责写研究成果的专利申请。我告诉根儿："在这个实验小组，你获得太多的锻炼机会，把每一次工作都当成自己难得的机会，年轻人不要怕吃苦，最应该害怕的是你没有机会锻炼和施展自己。"虽然此时根儿还没有读博士，但是通过这些研究工作，他已经获得了很多研究经验，包括申请专利的经验。鉴于根儿踏实肯干的工作态度和能力，研究小组负责人为他提升了工资，同时根儿还被中科院有机化学研究所评为"年度先进工作者"。

另外一方面，由于根儿的表现，巴莱在2017年底邀请根儿去美国读博士。由于已经错过了申请2018年博士的时间，直到2019年初，根儿开始申请美国斯普里克斯研究所的博士，并有幸得到巴莱先生作为根儿的推荐人，4月通过网络接受了斯普里克斯研究所4位教授的面试，获得录取，其专业为生物医学。巴莱出于对根儿负责，让他接触生物医学领域，用点击化学的方法在生物医学领域做出更多的研究成果。

让我很感动的是巴莱对根儿的真诚和爱护，在根儿准备报名博士申请期间，巴莱主动问及根儿是否愿意去哈佛和麻省理工学院读博士，他认为斯普里克斯研究所有些小，担心根儿的才华被耽误，如果根儿更愿意去哈佛大学或者麻省理工学院学读博，他愿意亲自推荐根儿。根儿为这事与我们进行沟通，我和孟爸让他自己做出评估。最后根儿认为：斯普里克斯研究所虽然没有哈佛和麻省理工名气大，但小而精、多学科融合是它的特色，让自己有更多的机会接触多学科的实验室，多学科的融合才能够有更好的研究成果。最后他决定去斯普里克斯研究所。我们尊重他的意见，巴莱也很开心。

2019年5月初，根儿回深圳办理签证，此时他告诉我们研究论文可能会发表在《自然》期刊上，但没有最后确认。根儿告诉我，论文投到《自然》期刊后，要经历多道关口，闯过这些关口才能有希望发表，比如《自然》收到论文后，要评估论文的内容是否有价值，如果觉得有价值就过了一道关；然后《自然》会请世界上这个专业领域的顶级专家审核论文内容，找出问题，对于审核专家提出的各种问题，都要认真回答，有些回答还要进行补充实验并统计数据，所以，修改的过程中工作量巨大。在进行论文修改这个阶段中，根儿突然出现了消化道梗阻，禁食长达近10天，体重减少10公斤。长达一个月的疾病和恢复时间，让根儿的修改工作滞后，等身体恢复后，他就立即投入论文的修改中。论文的专业性修改结束之后，还要按照《自然》期刊的格式要求进行修改，包括论文中的图和文字，都要达到要求。在剑桥大学期间，根儿接受了论文格式的严格训练，让他在完成论文时有了基础。当接到《自然》期刊发来的修改论文格式的通知时，我们知道胜利在望了，但论文反复修改进行了很长时间，直到9月他已经在美国斯普里克斯研究所读博士了，论文还在进行最后的格式修改。

26岁的根儿，以第一作者身份在《自然》期刊上发表科研论文。为此，我们祝福他，在未来的研究中发现更多给人类带来福祉的科学研究成果！

孟根屹

2008—2012 深圳市国际交流学院高中

2012—2016 剑桥大学耶稣学院本、硕

2016—2020 中科院上海有机化研所助理

2021 年至今 上海交通大学读博

推动孩子进步，家长要善于运用"马太效应"和"隔山打牛"技巧

李周男

家长要想推动孩子进步，除了在孩子自身使劲外，还需要掌握各种技巧，充分调动孩子周围各种积极因素，有时候会取得意想不到的效果。这里谈谈"马太效应"和"隔山打牛"两个技巧的运用。

马太效应（Matthew Effect），是十分重要的自然法则，常常用以描述社会生活领域中普遍存在的两极分化现象。1968 年，美国科学史研究者罗伯特·莫顿（Robert K. Merton）归纳"马太效应"为：任何个体、群体或地区，一旦在某一个方面（如金钱、名誉、地位等）获得成功和进步，就会产生一种积累优势，就会有更多的机会取得更大的成功和进步。

这种案例在教育中也很常见。我的孩子在初中时，他在 9 班，另外有个姊妹在 10 班，都属于普通班，一样的老师，一样的环境，三年后中考结果，有天壤之别。仅仅以成绩论，9 班 17 个 600 分以上的（全市五万多考生，共 1000 个 600 分以上），而 10 班一个没有！9 班王同学还摘取全市中考总分状元桂冠。全班平均分比 10 班高出近 50 分。在平时的集体活动中，9 班活跃，凡是比赛类的，包括足球、篮球、排球、短中长跑、接力等，基本囊括冠军；

数学、英语、物理等学科竞赛，也大多名列前茅；手拉手、社区服务等，争先恐后；就连打 CS，还能俘虏对方……

一个很重要的原因，就是利用社会心理学上的"马太效应"，让强者越强！一个人如果获得了成功，什么好事都会找到头上来。如果态度积极主动执着，那么你就赢得了嘉奖；获得嘉奖后，你的心理会受到鼓舞，更加强化你的积极主动性态度。如此循环，你才能把"马太效应"的正效果发挥到最大极致。

我担任了 9 班家委主任（我先后竞聘并担任班级家委主任、年级家委主任、初中部家委主任以及教育集团两届家委主任，推动学校进步），告诉家长们这些道理，然后团结所有家长，为孩子们一点一滴的成长大声鼓励与欢呼，也协助老师们对内做班级管理、对外协调资源的工作。家长和老师们毫不吝啬的表扬与赞赏，给了小伙伴们无穷力量，一个斗志昂扬、不认输、团结向上、宽容奉献的集体逐步形成。备战中考体育时，连有名的"小胖""豆芽"，都咬牙加紧锻炼，自己利用课余做仰卧起坐、拉单杠、跑步、跳远……结果班级中考体育成绩全百分！还有信息技术课，全班全百分！在趣味运动会上，孩子们脑洞大开，和家长们弄出千奇百怪的服饰参加游艺运动，逗得全场欢呼声一浪超过一浪；英语综艺晚会，编排莎士比亚剧目，还别出心裁做了很多演绎，令全场观众忍俊不禁……班里的孩子参加联合国粮农组织活动，获得"世界粮食奖"；英语模联[①]，打进总决赛；数学竞赛成绩华北区第二；牵手山区小伙伴，一直延续到目前……孩子们互帮互助，也因此无意中契合"费

---

① 模拟联合国（Model United Nations），简称模联（MUN），是对联合国大会和其他多边机构的仿真学术模拟，是为青年人组织的公民教育活动。在活动中，青年学生们扮演不同国家或其他政治实体的外交代表，参与围绕国际上的热点问题召开会议。代表们遵循议事规则，在会议主席团的主持下，通过演讲来阐述观点，为了"国家利益"辩论、磋商、游说。他们与友好的国家沟通协作，解决冲突；通过写作决议草案和投票表决来推进国际问题的解决。

曼学习法"精髓，知识了解深入、记忆深刻，且能灵活运用。

三年下来，孩子们感情很深。上了大学后，逢大的假期回到家乡，依然要聚会，纵情快乐一番。

"隔山打牛"是中国武术中传说的一种可以隔着一段距离或者器物用拳掌攻击，将人击倒的功夫。我们在此不讨论这种功夫是否真实存在，而是利用其中的寓意做好孩子的教育和引导工作。我们的教育目标是让孩子进步，但是一些教育是难以直接实施，需要借力他人。找好的借力者很重要，其中孩子所在的集体、小团队非常重要。

俗话说"龙生龙，凤生凤，耗子生儿会打洞"，里面蕴含有很好的教育思想：价值观→技能→知识。比如耗子，为什么要打洞呢？一是打造运输通道，二是打造巢穴，三是躲避一些天敌，四是打造逃命退路等，这是它们的价值观，是行动的目的。然后是如何打洞，包括从哪里打洞，往哪里打洞，打多深多宽的洞，从泥土里打洞还是从沙土里打洞，打几个洞，打洞的土堆到哪里等，这是技能；然后想办法去学习打洞的知识，知道为什么要从这里打洞，依据是什么，如何打洞最省劲，打多少洞合适是如何计算出来的……

我们知道将婴儿放在英语环境中，几年后他会英语；放在汉语环境中，几年后他会汉语；放在俄语环境中，几年后他就会俄语……家长们立刻想到：要想提高孩子的英语成绩，最好的方法是想办法让孩子沉浸在语言环境中！

能不能再引申呢？想孩子有集体荣誉感，是不是该将他和自己的集体绑定，让他积极为集体出谋划策、贡献力量？培养社会责任感，是不是该组织孩子们真正去福利院帮扶，去偏僻山区手拉手，而不是走马观花？要想孩子对物理化学感兴趣，是不是该带着他们走进实验室，看看奇妙的世界，验证一些匪夷所思的原理？推动孩子所在的集体前进，有事半功倍的作用。由于孩子有归属感的天然需求，集体进步很容易裹挟他的进步。

孩子所在的集体，无外乎家庭、班级、课外活动小组、宿舍、同桌。家庭有极为重要的作用，有很多探索经验，这里不再赘述。

选择和塑造班级。家长的确要下点力气，提前了解学校班级老师的组合。一般来说，往届学生在贴吧里对老师、家长们有反映，成绩上更有显现。家长了解清楚后，要对孩子分班进行干预，向学校汇报孩子的情况、家长自己的情况（各种优势）提出合理诉求。一般来说，学校是会认真考虑家长合理化意见的。

在组织孩子的课外活动小组、挑选宿舍舍友和同桌时，也要提前着手，挑选一些愿意主动学习、自律性强、综合素养高、善于探究、乐于分享的孩子。"三勤带一懒，带飞铁憨憨" "三懒拽一勤，铁汉也不行"，道理是很浅显的，但是需要提前布局。在选择好孩子的集体后，家长要善于团结一切可以团结的力量，推动孩子所在团队进步，比如营造孩子的班级氛围、打造孩子特长与爱好团队等，并努力将孩子置于团队的领军方阵里。

家长要有大格局，用人可用之处，团结家长们前进，不要怕自己的努力，让别人的孩子沾光。团队的进步，必然推动自己的孩子进步，因为自己的孩子在团队的第一方阵。孩子们成长过程很漫长，像一场接一场的马拉松。方阵最重要，有时一个方阵成绩远远超出其他方阵的成绩，即使是领军方阵最后一名，常常比其他方阵第一名成绩还要好。

当然，所有事物，除了正面以外，也有反面，还有过渡面。所有原理，也都有消极的方面。比如，社会上大多数人并不具有足以变强的毅力，"马太效应"就会成为逃避现实拒绝努力的借口。比如，一些人内外不一致，需要经历人和事的检验，过急使用"隔山打牛"技巧，会将你使出来的劲统统化为无形。

家长在教育的时候，要有系统性思维，善于运用心理学、行为学中的普适性规律，用科学的方法，扬长避短，撬动孩子进步。

> 李海涵（Karl)
> 2012—2015　石家庄外国语教育集团初中
> 2015—2017　石家庄外国语教育集团高中
> 2017—2019　英国蓝星学院（Lancing College）A-level
> 2019年至今　剑桥大学圣约翰学院（St John's College）数学专业

在培养孩子时，我们培养什么

董莉丽

  对女儿的成长，有很多话想说，但又不知从何说起。我和孩子爸爸都很重视女儿的教育，但是并没有全程陪伴女儿学习。或者说，在上小学之后，我们就很少关注女儿学习的事情，更多的是注重生活和品格上的细节。真正让她在学习方面取得成就的，都是在学龄前就已经养成的好习惯。一路走来，虽然女儿的学习状态一直很轻松愉快，但是始终保持认真的学习态度。人生是一场长跑，没有什么事情可以一蹴而就，当专注变成一种习惯，努力才可以细水长流。

  女儿有一个"复读机"姥姥。小的时候我和孩子爸爸都忙于工作，平时和周末也经常加班，所以在孩子小的时候，姥姥其实是家里付出最多心血的人。孩子开口说话很早，才一岁就会说五个字长度的语句了，而且发音很清楚，这真的跟"复读机"姥姥有很大的关系。在孩子小的时候，因为工作原因我们都不在身边，姥姥就天天在家里抱着她，不停地讲话、唱儿歌、背古诗……做家务的时候也把孩子抱在身边。久而久之，孩子开口说话的时候就能很准确地表达。不仅如此，姥姥还会把识字卡片在地上摆成迷宫，陪着孩子用做游戏的方式来识字。对女儿来说，虽然小时候家里没有其他小朋友可以一起玩，但在学习中度过的襁褓时期也充满了乐趣。

　　3岁之前，我们通过小事的渗透来教会女儿做一个懂道理的宝宝。小时候就要告诉宝宝哪些事情可以做，哪些事情不能做；为什么可以做，为什么不能做，不仅知其然，也要知其所以然。与其一味地制止和反驳，不如告诉她事物的道理，帮助孩子锻炼对是非的判断能力和辩证的思维能力。记得宝宝小的时候，我们告诉她爸爸妈妈要去上班，不能一直陪宝宝玩，临走前要乖乖跟爸爸妈妈说再见。虽然一开始她会哭，会想让爸爸妈妈留下来陪她玩，但如果我们提前和她说好一会儿会发生的事情，宝宝就不会哭得那么厉害了。多尝试几次之后，再到了要去上班的时候，宝宝就会很开心地和爸爸妈妈说再见。我们感觉到宝宝渐渐懂得了这个道理，并且欣然接受这个结果。对于宝宝提出的一些无理要求，我们会及时制止，虽然她会哭，但是让她懂得这件事情是不可以做的，知道哪些是原则，不可以做，如果做了爸爸妈妈会生气的。

　　专注是很珍贵的品质。孩子小的时候就要让她学会集中精力在一件事情上，作为家长不要在孩子专心做事情的时候去分散她的注意力。在宝宝玩她喜欢的玩具的时候，我们不会去打扰她，一直等她玩到不想玩的时候，再让宝宝自己来收拾和整理玩具。她很愿意收拾自己喜欢的玩具，对她而言这也是玩玩具的一个过程，把东西收拾得整整齐齐也会让自己的心情变好。

　　女儿小时候也很喜欢看书。当然，在孩子看书的时候，我们也不能贸然上去说"书里讲了什么呀"，这样会打断她的思路，破坏她专注的状态，久而久之孩子就静不下心来了。关于孩提时期的阅读，不在于读高深和超前的书，而是要通俗易懂，让宝宝感兴趣，重要的是养成自己阅读的习惯。阅读不是枯燥无聊的功课，而是比看电视更加引人入胜的爱好。女儿小时候自己看书，一个人会看好长时间，我们也不知道她在看什么，天天捧着一本书爱不释手地翻来翻去，最后那本书都快翻烂了。

　　3岁之后的宝宝可以懂很多事情，表达越来越清楚，对很多事物也有自己的理解了。这时候的家庭氛围尤为重要。家人们希望宝宝将来成长为什么样的人，我们就要言传身教给宝宝树立榜样。你的一举一动、一颦一笑、待人接物的态度、面对困难的处理方式……孩子都看在眼里，而且会模仿得很像。久而久之，孩子就潜移默化地继承了家长为人处世的样子。所以作为家长的我们，要时刻注意自己的言行举止。如果我们嫌孩子不懂道理，不如反思一下自己，平时都是怎么做的呢？

　　因为宝宝特别胆小，我们在选择幼儿园的时候也是费尽心思。最开始只是送孩子去了离家最近的幼儿园，以为在邻居姐姐班里孩子会被照顾得比较好。但是宝宝去了两天后，我们发现每次去幼儿园宝宝都会哭，不愿意去，后来陪宝宝在幼儿园里多待了一会儿，就发现幼儿园里有两个特别淘气的小宝宝，老师批评他们的时候态度都很严厉。每到这时女儿都会被吓哭。于是我们赶紧给女儿重新找幼儿园，换了新幼儿园之后，宝宝就不抵触上幼儿园了。有时孩子的一些反常表现不是无理取闹，作为家长应该多去了解孩子，倾听他们内心的想法，了解孩子的需求才能给她合适的成长环境，因材施教很重要。

　　后来幼儿园大班毕业了，其他妈妈都送孩子去学前班进行幼小知识衔接的学习，但是女儿的幼儿园老师建议我们不用送她去学前班。老师说宝宝很乖巧，对知识的接受能力和注意力都很棒，也已经掌握了很多别的小朋友都不会的生字和古诗，在知识储备方面可以直接上小学没问题。但她的不足之处就是动手能力需要提高，其他小朋友很快就学会的折纸、折手帕、叠被子，女儿一直都学不会，建议在幼儿园大班多留一年学习动手能力。我们认为幼儿园老师说得很对，就让女儿在幼儿园又继续读了半年，锻炼孩子的自理能力。作为家长的我们不会随波逐流，而是针对孩子的特点加强学习，制订适合宝宝的个性化成长方案。

小学阶段是阅读和发展特长最重要的阶段，因为初中之后学业就会变得紧张，要为中考高考做准备，而小学的课业相对轻松，课余时间很多，最适合花时间在阅读、特长班以及旅行上，为未来的生活做全方位的积累。在宝宝还不懂得喜欢什么特长的时候，我们就给宝宝报了钢琴和声乐，一直坚持到小学六年级。童年的音乐基础对女儿后来的学习生活一直有持续性的影响，虽然小学毕业后再没上过钢琴课和声乐课，但她始终不会忘记五线谱，长大后学习了很多新的乐器，也都上手很快，也得以在高中和大学时有机会随民乐团参加过很多正式演出，留下许多闪闪发光的回忆。其他小孩都凑在电视机前看动画片的时候，女儿因为胆小不敢自己看电视，就一个人在房间里看书。小时候的女儿对阅读非常着迷，出去聚餐的时候，其他小朋友都吵着要玩爸爸妈妈的手机，只有女儿安静地坐在旁边看书。早上五点多，天刚蒙蒙亮，女儿就早早起床，坐到书桌前来看书，读完之后还意犹未尽，会动笔写自己脑海里的故事，很惬意地一写就是一下午。看书和编故事是女儿小学时最大的爱好，家里的书柜都装满了好几个，抽屉里也塞满了她的各种创作。四年级时有一天，我看她把以前的作品都翻出来，用修正带把一些内容全部涂掉之后再重新写内容，很奇怪地问她怎么了，为什么要涂掉以前写的内容？她说现在回头看一年级写的故事，感觉很多地方逻辑不通，要重新修改一下。我们不禁哑然失笑，本来以为只是小孩子随便写着玩玩的事情，没想到她却如此认真对待。

上了初中之后，小时候养成好习惯的重要性就凸显出来了。不需要我们过多的介入，女儿就会主动准备学习用品、整理错题，自己根据考试的成绩来调整学习重点……这些都得益于孩子小时候养成的专注认真的学习习惯。如果小时候没养成好习惯，没有让孩子对家长产生信任，等到初高中青春期的时候，家长就很难跟孩子沟通、讲道理，也很难把握孩子的情况了。

我们没给她报过作文班，也不需要背好词好句，只是小时候书读多了，自然就会写文章了。语文老师经常评价她的文字没有繁复华丽的辞藻，却平实真挚、打动人心。女儿的作文经常被当成范文，有时还会被老师拿到隔壁班级去朗读。她比较擅长发现生活中的点滴美好，可能只是姥姥做的一道拿手菜，或者在公园里看到小朋友在放风筝，抑或是同学相处之间很微小的温暖的事情，女儿都会细心地捕捉到，通过文字的方式带给大家惊喜。

初中时，女儿也越来越有自己的想法，在身边同学的影响下也开始为未来的人生道路做打算。出国的想法其实是女儿最先提的。她综合考虑自己现阶段的能力之后认为，很喜欢英国大学的教育理念，因为可以更好地选择适合自己的专业。我们一开始很惊讶，女儿一直都很文静，不爱出去玩，结果一出去竟然就要去这么远的地方，但还是尊重并接受了她的想法，中考志愿给她报了国际班。在初中的整个学习阶段，看到女儿学习上的一丝不苟，我慢慢放手，目睹孩子在老师的指导下一点点进步。

时间就这样一天天过去，现在的女儿已经变得很成熟，知道自己应该怎样学习，知道自己想要的是什么，而我们也完全尊重她内心的想法，相信她判断的能力。有时也跟女儿讨论未来的规划，我们都会把她当作成年人去交流和思考。所有关乎未来的重大决定都是她自己去做，而我们的想法仅仅是作为她的参考意见。

所以，在培养孩子的时候，我们究竟在培养什么？作为家长，我们总是希望孩子可以避开我们曾走过的弯路，超越我们自己的能力与成就，甚至实现我们年轻时未完成的梦想。但是不要忘记，他们在成为我们的孩子之前，要先成为一个人；在开始学习知识之前，要先学习品德与习惯。拥有了这些基础，加上适度的引导，渐渐地，孩子会发展出自己的方法与计划、梦想与向往，以及对于世界独特的理解。我们不是要培养父母的复制品，也不需要培养完美的神童，而是栽一株未闻其名的花。我们只需给予阳光雨露，适当地修剪叶片、驱逐害虫，待万物苏醒之季，花朵会绽放出属于她自己独一无二的模样。

张潇文（Judy）

2013—2016 大连嘉汇中学 初中

2016—2019 大连市第二十四中学 高中

2019 年至今 剑桥大学罗宾逊学院（Robinson College）经济学专业本科

建桥人家剑桥人

罗锦鸿撰稿

蔡玲校订

2017年初，在超级工程港珠澳大桥取得关键性重大进展之际，作为建设者之一的我同时收获了另一份超级惊喜——儿子罗丁豪先后收到来自6所境外大学的录取通知书或邀请函，其中分量最重的当属英国剑桥大学录取通知书。同时，在全亚洲三千多名优秀竞争者中脱颖而出，获得怡和（Jardine Foundation）奖学金的全额资助。

与很多境外大学采用无条件录取的方式不同，剑桥大学的录取条件相当苛刻，录取流程十分严谨。我国高中学生申报剑桥大学之后，需通过剑桥大学主导的面试和笔试才有可能获得预录取，而且学生还必须在最后一学期完成剑桥大学指定的学习任务。丁豪是用AP[①]成绩申请的，因此剑桥大学给他指定的任务是AP比较政府和政治、AP英语文学与写作、AP生物学三门课程，目标是全部满分。从撰写申请文书、递交申请资料和成绩单、参加笔试和两次面试、完成指定任务再递交成绩单，直至收到最终录取确

[①] 美国大学预修课程（Advanced Placement），是全世界范围内的高中生或具有同等学力的学生参加的大学预修课程及考试，主要适用于计划前往美国读本科的高中生。

认通知才算"修成正果"。前后历时十个月,像足了十月怀胎——既期待又紧张。

而怡和奖学金竞争之激烈简直可以用残酷来描述。怡和奖学金由跨国公司怡和集团提供,资助对象仅限被剑桥大学或牛津大学录取的亚洲留英青年精英,其申请获批难度远超被剑桥、牛津录取,要求学生不光学业优异,而且综合素质拔尖。那一届全亚洲申请怡和奖学金的学生超过3000人,最终获得全额奖的仅13人,而中国大陆只有3人。获得全额奖学金意味着学生在英国留学期间每年约40万元人民币的学费、校内生活费等基本由怡和基金提供。

一个孩子学有所成,离不开长辈的悉心培养,更离不开自身的努力拼搏,也许还需要一点好运。

正确的培养方式是成功的动力源泉

回望丁豪成长的历程,十分庆幸我们一直本着"授之以渔"的指导思想引导他成为一个处事、思考和经济等方面均能独立的孩子,最终成长为一位人格高度独立的男子汉。

谁也不知道明天和意外哪一个先到来。因此,让孩子尽早学会独立是家长最应该做的事。大约从丁豪4岁开始,我们就秉承"力所能及的事自己做"这一理念来引导、帮助他独立处理自己可以处理的事务。第一次训练是从超市购物开始的。那一次我们给了他自选一个玩具的指标,并给钱让他自己去买单。在过程中除了必要的指导,我们始终与他保持着距离。

从那以后，我们仨逐渐达成共识，以至有一次我在修理电风扇，让丁豪帮忙递一下螺丝刀，他居然回了我一句"力所能及的事自己做"，弄得我哭笑不得。

独立思考能力的培养是在小学正式开始的。我们知道他在幼儿园时对数学的敏感度不太理想，所以小学时有意识地在数学方面采用了诱导式训练——当他有问题解不开时，我或孩子妈并不急于告诉他怎么解，而是很耐心地循序渐进引导他自己思考。聪明的丁豪往往能在引导下"恍然大悟"。

在孩子面前，我们基本上不做无聊的事，看书、讨论问题是最常见的。这种以身作则的行为起到积极的作用，养成孩子良好的学习习惯。丁豪六年级便开始在网上大量购书看。

由于我长期随施工项目在工地一线上班，带孩子的重任便落在孩子妈身上。尽管一边上班一边带小孩和做家务十分辛苦，但她还是坚持亲自带，这样可以全面掌握孩子的情况。除了照顾孩子的生活起居，她还特别细心观察孩子的行为习惯和兴趣爱好，努力帮助他纠正不良习惯，鼓励他在感兴趣的事情上主动用功。孩子妈更善于将孩子成长过程中的特别之处和难解之事及时告诉我。2011年初，因为小升初的事母子俩产生了分歧。丁豪出于对音乐的酷爱决意报考星海音乐学院附属中学，而孩子妈并不希望孩子那么早把自己的人生锁定在狭窄的道路上。几番沟通无果之后，问题反映到了我这里。我便约了丁豪当天晚饭后上QQ聊。他一上来就摆出一副立场坚定的架势，而我则先顺着他的意愿表示不反对，然后以转折话锋的方式提出"建议"，引导他思考。谈话结束时，他依然表示"还是想报考星海附中"，但我断定他已经把我的话听进去了。果不其然，自此之后再不提报考星海附中的事，反而买了另外两所广州名校历年特招的试卷来练习，最终以优异的成绩被中山大学附属中学录取，并获得免一年学费的奖励。

为了最大限度激发丁豪主动拼搏的内生动力，我们在引导他建立经济独立观念方面也下足了功夫，不仅通过口头教化从意识上淡化他在经济上对我们的依赖，同时也从实践上尝试有助于他自立自强的各种方法。丁豪向我们获取额外资助的途径一般有两种：一是通过兑现承诺获得奖励。初二时他想买一套电吉他，当时他向我们承诺的目标是期末考试平均分95以上。于是，在他的努力下如愿以偿地获得了价值五千多元的"奖品"。二是向我们借支。在小学阶段，凡是学习以外的大额开销都必须写借条交给妈妈。除此之外，孩子妈还规定每月的零花钱按年龄增长值支付，即6岁6元，7岁7元……久而久之，丁豪表现出对经济独立的高度认同，从不向我们提非分要求，反而自己想方设法省钱或"赚钱"——给他5元钱去理发，他会找小区周边最便宜的理发店（摊），能省一块是一块；在网上购书全部采用"到付"的付款方式，并寄给妈妈收；我们赠给他购书卡，而他则时不时约上三两同学去广州购书中心买书，通过帮同学刷卡的方式套现；8岁时，把看过的书和杂志搬到一楼大厅摆卖……经济独立观念深深触发了丁豪自力更生的潜力，以致他申请怡和奖学金的事我们竟然毫不知情，一直到他把获得全额奖的喜讯告诉我们。

这些独立处事、独立思考的能力和独立的经济观念在丁豪成长的过程中发挥了出人意料的作用。

不懈的努力学习是成功的不二法门

　　一个人的高光时刻，旁人看到的也许只是他头顶上的光环，鲜有人知道光环背后千淘万漉、吹尽狂沙之艰辛。

　　当丁豪深切感知其一切努力都是在为自己创造美好未来的时候，奋发自强的信念便逐渐内化于其心，外化于其行。当很多同龄人还在为电竞疯狂时，10岁的丁豪已经暗暗立下出国读书的志向。随着学习越来越深入，他的自觉性也越来越高，学习上的事基本不需要我们操心。

　　从小学开始，放学后无论是在托管中心还是在家里，第一件事便是做作业，作业不完成绝不玩耍。而阅读则是他课余的爱好之一。大约在六年级开始，他已经不满足于去书店购书了，进而经常在网上找合适的书籍阅读或购买。上初中以后，他成了图书馆的常客。大量的阅读不仅丰富了丁豪的知识储备，而且大大提升他的写作水平。初二时创作的《乞丐睡了》就已经明显让人感觉他对事物的思考高出同龄人。学习外语是丁豪的另一项爱好。与其他孩子一样，英语从小学就正式开始学习，但丁豪显然非常用心，睡前醒后背英语单词成了他的日常习惯之一。初一时与妈妈出国旅游就毫无障碍地担任起翻译工作。为了进一步提高英语水平，他读了很多外国原著，看了大量外国电影和各种视频素材。他不仅熟悉掌握英语，还自学日语、西班牙语、阿拉伯语、俄语等多门外语。

　　丁豪兴趣爱好广泛，而且总能在自己想学的事情上持之以恒地下功夫。他很喜欢音乐，不仅学钢琴，还自学吉他、架子鼓、编曲。他在五年级时通过了钢琴八级考核。此后虽然再没有跟老师学习，但他依然坚持练习。

他还积极参加学校或地区举办的各类活动和比赛，在取得成绩的同时，提升了应变能力，增加了处世阅历。

有些家长喜欢根据自己的判断逼迫孩子参加各种补习班，但我们一直坚持在尊重本人意愿的前提下加以引导或给出建议供他思考，并让其自行决策，而丁豪在学习上则具有独特的判断力。小学六年级时，为了参加一个含金量较高的比赛，他在老师和同学家长的推荐下去试听了一节英语补习课，断定可以给他带来帮助，于是就报名参加了"一对四"培训的小班，果然收获颇丰。后来，这个小班的另一位同学也考入华南师范大学附属中学（简称"华师附中"），再后来就读于英国牛津大学。初三上学期，丁豪告诉妈妈"各科学习都还可以，只想提升一下数学和物理"。于是孩子妈帮他报了补习班。但他感觉数学的教学并没达到他的预期，上了一节课就退了，物理则上完一学期，也甚有收获。

丁豪曾有过面对挫折时的彷徨，也有过身处困境时的迷茫。高一时，他明确告诉我们，英国剑桥大学是他的下一个目标。然而，巨大的学习压力却让他性情大变，情绪极不稳定。我和孩子妈找他谈心，他强忍泪水告诉我们他快崩溃了。我鼻子一酸，仰脸望向了天花板，妈妈却已经心痛得潸然泪下——都说儿女是妈的心头肉，儿女的苦，当妈妈的比任何人都更感同身受。

奋斗之路无疑是艰辛甚至痛苦的。然而，对于出生普通家庭的孩子，唯有奋斗方能创造美好未来。在经过短时间的调整之后，丁豪坚定地在自己规划好的求学路上勇往直前。

功夫不负有心人，所有带着真诚的付出终将获得回报。高三时，丁豪在雪城大学（Syracuse University）导师的带领下完成了心理学方面的学术文章 Comparison of the Effectiveness of Lithium, Valproate and Aripiprazole for Bipolar Disorder。而独立处事能力和思考能力在大学申请季更发挥了巨大作用，从撰写申请文书开始，到香港和上海参加各类面试、笔试，再到后来的出国签证等，全部由丁豪独立完成。尽管个中的艰辛不亚于高考冲刺，但收获却远超预期。

在长期的奋斗中，丁豪还养成未雨绸缪的做事风格。大学第一学期就开始谋划本科毕业后的去向。几经推敲，决定直接申读博士。于是他在大学期间利用假期在伦敦大学学院（简称：UCL）和剑桥大学的相关实验室参与研究实践，积累经验以及业绩。本科尚未毕业，便已获得马克斯·普朗克脑与行为研究所 PhD 项目的博士研学资格。

不期而至的好运是成功的意外佐料

自强者，天助之。丁豪是自强者，也是幸运儿。

首先，我和孩子妈都来自农村，都不约而同留在广州工作。这无意中就为孩子找到了一个成长的良好环境，争得大量优质的教育资源，构建了一个利于腾飞的全新起点。"橘生淮南则为橘，生于淮北则为枳。"环境对人成长的影响无异于水土对橘的影响。

其次，积善之家必有余庆。有话云：筑路修桥乃行善积德之举。我和孩子妈所从事的行业是公路施工，筑的是大路，修的是大桥。当然，这里尤为重要的是我们祖上三代均注重行善积德的传承，从曾祖父辈开始就一直热心帮助乡里乡亲。而作为建桥人的我们更是深知工程质量对工程寿命的影响举足轻重。因此，不光自己尽心尽责，还经常提醒身边的人务必对自己的产品用心负责。这些都是正能量，是孕育好运气的根源所在。

再次，正如孩子妈所说："罗丁豪最大的幸运就是父母开明。"对孩子，我们既有严厉之方，亦不乏民主之光。孩子明显做错的事绝不退让迁就，孩子做对的事即时给予表扬或奖励，难以确定对错的事不妄下结论。孩子妈是个很细心的人，对丁豪无微不至的照料自不必说，毕竟大多数优秀的孩子都有一个能干的妈妈。但她为了全面了解丁豪在学校的表现和学习，与丁豪的班主任、任课老师、生活老师、同学家长，甚至舍友都建立了联系。我常说她是"情报局长"，很善于筛选和处理"情报"：有关丁豪的问题，自己能处理的从不让我操心，认为应该由我出面处理的立即告诉我。初三最后一学期开学不久，孩子妈发现丁豪的成绩明显下滑，表现也出现异常。她焦急万分，但与丁豪沟通无效。于是我专程去学校找寄宿的丁豪。然而，正处于叛逆期的孩子甚难沟通。丁豪倔强的态度曾令"谈判"一度中断，再次"谈判"更是让我产生打人的冲动，但理性终究占据了上风。我当晚回到项目部只做一件事，那就是给儿子写信。在通信如此发达的年代还写信，这似乎是一种令人难以理解的做法。但事实上，书信具有面谈无法比拟的优点——既可以反复修改到令自己满意才"讲出去"，又可以在避免冲突的情况下表达激烈情绪，还具备可追溯性和反复阅读的好处。凌晨三点多钟，我通过电子邮箱把那封措辞严厉的信发给丁豪。这是我正儿八经写给丁豪的第三封信。此后一段时间，我们惊喜地发现他的状态明显回升，并最终被华师附中录取。

一个细心的妈妈和一个理性的爸爸也许是孩子成长之大幸，而我们最大的幸运则是在因材施教方面用对了大多数的方法。

其实，初为人父母的我们并不知道如何培养优秀的孩子，但我们清楚地知道不能剥夺孩子成长的权利——事无巨细、大包大揽肯定是不妥的。我们该做的应是把孩子扶上马、送一程，然后让他自己去驰骋。只要有明确的目标、正确的方法、有效的行动和坚定的信念，即便是成长在建桥人家里的"工二代"，也能够实现超乎预期的梦想。

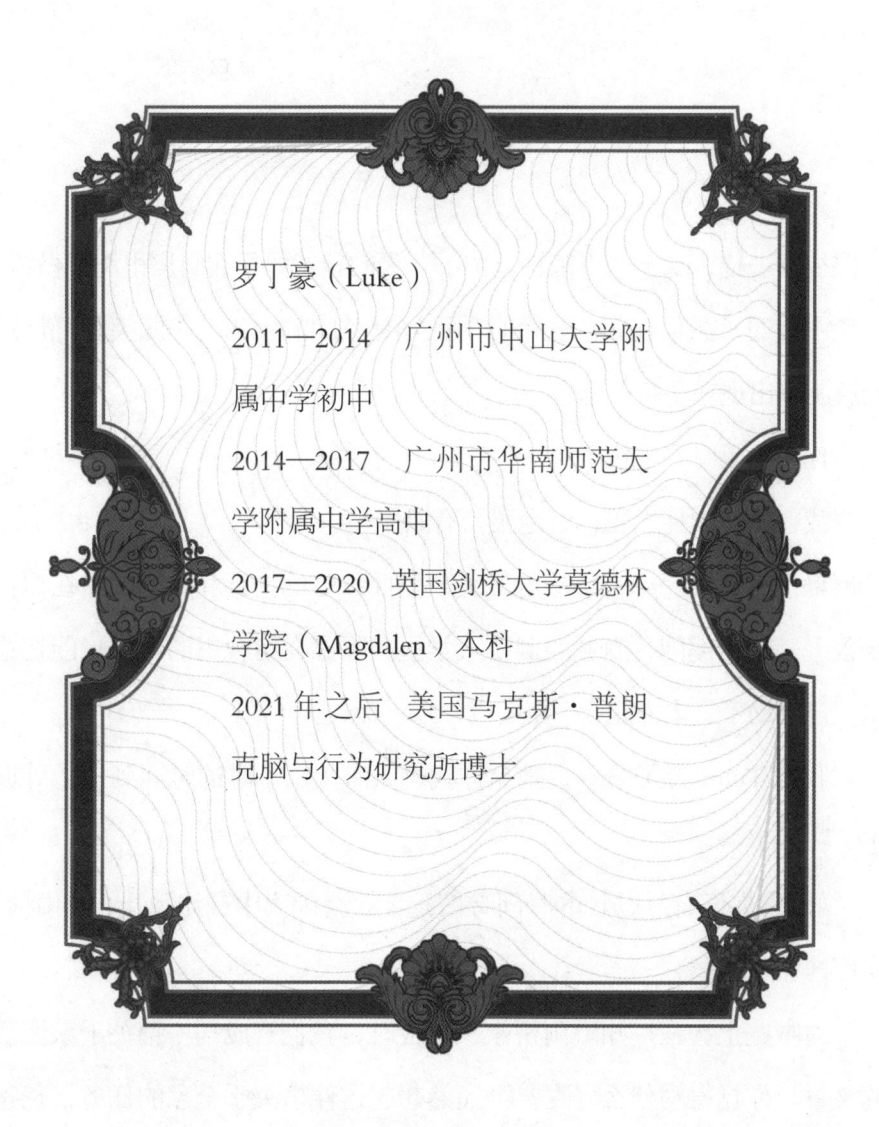

罗丁豪（Luke）

2011—2014　广州市中山大学附属中学初中

2014—2017　广州市华南师范大学附属中学高中

2017—2020　英国剑桥大学莫德林学院（Magdalen）本科

2021年之后　美国马克斯·普朗克脑与行为研究所博士

信任滋润自由心灵，自由放飞无限可能

冯 玲

跟往常一样，晚上八点来钟，忙了一天的爸爸妈妈在厨房里洗菜做饭。妈妈顺手拨通了微信视频。这个时间正好是英国的中午，一张笑容灿烂的娃娃脸旋即出现在手机屏幕上。

"你在干吗呀，吃饭了吗？"

"我在做韩国拌饭呢，有泡菜，有腊肠……"

屏幕上出现了一个小小的电饭煲，里面红红的泡菜和腊肠，盖在白白的米饭上。疫情期间，封城的剑桥大学里，隔离在宿舍里的雨枫只能在宿舍里"自己动手、丰衣足食"啦！

"我跟 Tutor 说了一下，她允许我每天有 1 个小时的时间到房子外面走走。"

"好啊，你还有'放风'的时间呀。"这无疑是隔离中最让她开心的事情，欣喜都挂在脸上啦。

"对啦，上次在广州跟剑桥家长聚会时，我们答应写一篇关于家庭教育的文章，你觉得写什么好呢？"突然想起这件事关乎全家的任务，爸爸向雨枫"求答案"。

屏幕上的娃娃眨眨眼，依旧是笑盈盈却十分确信地说："我觉得你们给予我最大的支持是信任……"

信任？这的确是我之前所没有想到的。从小到大，家长对孩子的支持肯定很多，吃喝拉撒、身心健康、学习成绩、出国留学……在孩子眼里并非不重要，而她首先想到的却是信任，这是看不见、摸不着的，是彼此之间的感觉。有意思！我没有想到这种"感觉"居然是孩子眼里最重要的支持。

思绪回到孩子的童年……

雨枫的小学和初中是在深圳南山外国语学校度过的。跟很多孩子一样，她小学时就面对着海量的作业与缤纷的课外活动之间的矛盾，像《王子复仇记》里的纠结的王子一样，时间有限，"作业还是课外爱好，这——是个'问题'！"而雨枫的"业余爱好"是名副其实的十分广泛，芭蕾、钢琴、游泳、溜冰、绘画……时间安排得满满的，每天都像是演员串场。

纠结、苦恼一阵子后，我们和雨枫静下来，讨论这个现实中的矛盾。

"做作业的目的是为了检验是否真正掌握了老师课堂上讲授的知识，也是为了练习解决问题的技能。你自己对自己要有个判断，是不是真正理解老师讲的，是不是真会了？如果真会了，就可以不做作业，也没有必要做大量重复的作业。"

"在保证质量的前提下，你越快完成作业，越可以自主安排余下时间，前提是你要诚实。做作业时，会就是会，不会就是不会。"

或许这背后的就是信任吧。信任的背后首先是对于孩子爱玩，追求快乐、开心的天性的尊重，引导孩子正确面对做作业与玩之间的矛盾。对孩子天性中善良品质的尊重和呵护，是家长的首要责任。

其次，是让孩子学着对自己是否掌握知识进行自我评价。学得好不好，知识掌握得是否牢固，让孩子在学习探索的过程中，培养对自己进行客观评估的能力。这样顺势也培养了孩子的责任感。多年后当我从事教育相关研究后才发现，孩子的自我评估是提高学习成绩的重要因素之一（那时候也算是歪打正着）。也就是说，孩子越清晰地知道自己哪些学会了，哪些没有会，学习起来就越有清晰的目标，效率也大幅度提高，不必把时间浪费在自己已经学会的东西上。

信任不是轻信，也不是放任。信任是父母和孩子双方对共同承担的责任。对孩子来说，信任的前提是她对自己的学习负起责任来。她必须要清楚地知道自己是否真正懂了，真正理解老师所讲的知识，而不能把完成作业这种外在的任务作为衡量自己学习好坏的标准。让孩子遵从自己内心的判断，也由内而外培养了孩子的自信，自信心的增强无疑会增添她对抗作业压力的力量，这是真正意义的"减负"。当然，在作业这件事情上，与老师的沟通很重要，毕竟老师不愿意看到自己的学生不按要求完成作业。

对孩子的信任也给予她更多自由选择的空间，而孩子未来的发展空间更是无限的。"海阔凭鱼跃，天高任鸟飞"，孩子有权利也有能力自己选择符合自己的学习路径。话虽这么说，雨枫中考后面对国际交流学院和深圳中学的选择，却也曾让我纠结了很久。

事情是这样的。雨枫上小学时就立下志向——要上深圳中学。毕竟深圳中学是深圳"四大之首"。可到了初三，她突然改变了志向，要上我当时都没有听说过的国际交流学院。从行政管理角度，国际交流学院只是教育部门管理下的辅导机构，不是"正规"学校。如果上了这个学校，只能走出国留学这一条路。如果不能出国，在国内就只是个初中毕业。这就是风险啊。

担心她只是出于好奇，向往国外不一样的生活环境，也担心她是否怕吃苦，避重就轻而选择国际学院。我使出了"惯用伎俩"，向她提了个条件：同时参加中考和国际交流学院的自主招生考试。如果两个都录取了，可以二选一，选择的空间更大。

果然，她顺利拿到了两个学校的 offer。我尽管内心纠结，还是得让她做出自己的选择。她去两个学校进行反复实地考察，我和她妈妈也分头去看了两所学校。那天晚上，我们聊了一个多小时。我心有不甘，想"引导"她上深圳中学，因为我觉得深圳中学勤勉的学习氛围更能够让孩子培养韧性，进行深度学习，同时我担心国际交流学校的西方教学模式会不会太散漫。

"我就不喜欢那种填鸭式教、题海式学的教学方式，刷题让我厌倦，不开心！"

虽心有不甘，但出于对孩子的一贯尊重，同时经过这样深度的沟通加信任，我们支持孩子上了国际交流学院。当然，雨枫在国际交流学院 4 年的快乐、充实的生活和学习，也彻底打消了我的顾虑。

除了发自内心的爱之外，我们支持她，其实是相信她的感受与判断。理解她并帮助她进行选择，我们作为家长实际上也分担了部分的"决策责任"。万一选择错了，我们不能抱怨孩子，毕竟是我们共同的抉择。孩子具有选择的能力，也是建立在我们对她的信任之上的。通过这次择校决策，我们也深刻地感悟到，信任孩子，尊重孩子内心的声音，相信孩子是能够做出适合她自己的选择的。

国际考来临，我们知道她面临着能否考出好成绩的压力和能否考到合适的学校、自己喜欢的专业的压力，"压力山大"！作为家长，不担心、不焦虑是不可能的。不管她平时成绩多好，毕竟国际考跟国内的高考一样，是人生的一个重要关卡。

那么，我们能为她做什么呢？

"我觉得你们当时同意我回到家里复习功课，帮我向学校请假是对我的信任，也是最大的支持！"手机视频里的雨枫含着自己做的石锅拌饭说着，嘴巴上还有泡菜的红辣椒。

是啊，非常时期老师都希望把学生看得死死的，任务繁重，必须按要求上课复习，作业测验更是一项都不能少。这个关头，万一耽误了宝贵的时间怎么办？在雨枫看来，这的确需要点勇气和魄力。不过，在我们看来，这似乎顺理成章。为什么？因为从小学到初中、高中的一路上，我们都在做着相互尊重理解、彼此信任的功课，关键时刻，我们相信她对自己的判断和选择，知道自己是不是真正学会了，知道适合自己的学习路径和方法。她有权利按自己的方法达成目标。

基于平时的沟通，对孩子真实需求的感受，也基于发自内心的信任，我们在国际考期间每周一次的"探监"（每周到学校去见她一次，一起吃饭，我们叫"探监"）时，都淡定地聊亲人的近况，聊音乐、芭蕾、科技新闻、电影，还有她主动聊起的有趣的老师和同学的"奇闻异事"，那只"绿木先生的乌龟"……

现在的雨枫已经是剑桥生物专业的大三学生，同时她还获得英王芭蕾专业 A 级的证书，或许未来真的能够实现她"生物学科里芭蕾跳得最好，芭蕾舞专业里生物学得最好"的梦想吧。面向未来，她仍有很多未知领域需要探索，漫漫征途仍然会有很多不确定性。普普通通的家庭能够给予她的直接帮助可能会越来越少。无论出现什么困难，家庭都是她避风的港湾。

这个港湾所能够提供给她的，除了衣食住行之外，就是对她的信任。信任是对孩子的理解，也是父母和孩子的共同担当。信任不是轻信，也不是放任，对孩子的信任意味着父母自己也要承担起相应的责任！

我们跟很多优秀的家长聊过，除了对孩子关爱之外，多数家长对孩子都是充满信任的。来自家长的信任让孩子有了安全感，让孩子的心灵可以自由成长，也有了面对未知世界各种挑战的勇气和智慧，迸发出丰富多彩的"奇思妙想"。所以，信任滋润自由心灵，自由放飞无限可能！

愿越来越多的家长能够真正建立起对孩子的信任，愿越来越多的孩子成为自由的雄鹰翱翔在梦想的天空！

王雨枫（Lillian）

2011—2014 深圳市南山外国语学校高新中学初中

2014—2018 深圳国际交流学院高中

2018年至今 剑桥大学默里·爱德华兹学院（Murry Edwards）本科

那些年，我犯过的错误
——我与儿子共成长

肖乐群

很多人都说孩子要感恩父母，父母为孩子付出了很多。我认为，父母也需要感谢孩子，因为孩子成了我们的试验品，我们从不会培养孩子到慢慢地学会培养孩子的过程中，他们也受到了很多委屈，但是他们依然不离不弃，爱着我们！

孩子到底应不应该打

孩子一岁多一点的时候，因为非常执拗，我讲的道理，他没有听，继续我行我素。我狠狠地打了一下他的屁股，他哇哇大哭，于是我把他放在沙发上。其实打了他以后，我自己也吓傻了，后悔打他。等他不哭了，我把他的裤子往下拉了拉，肥肥的臀部红了。我怯怯地问他疼不疼，他说不疼，一脸天真地看着我笑，他忘记我打他了。可是我的心很疼，我后悔打他，居然打了一个一岁多的孩子。

我曾经下决心不打小孩，因为我是在打骂声中长大的，决定无论怎样不打自己的孩子，但是那天我打破了自己定的规矩。

为了打不打孩子这个问题，我问了很多人，答案各种各样，最后去华南师范大学学发展与教育心理学研究生课程，来寻找育儿的理论指导！

孩子经常问我一些问题，这些问题让我反思，让我成长！

在儿子上二年级的时候我去开过一次家长会，开完家长会后老师当着很多人的面讲了孩子不讲卫生，我觉得很丢脸，回去打了他一顿。

过了几天，孩子在和我聊天的时候问我："妈妈你为什么不像爱因斯坦、爱迪生的妈妈？"我忽然间明白，他是在讲我前几天打他的事情，我为什么不像爱迪生的妈妈和爱因斯坦的妈妈一样对待老师的投诉呢？对孩子宽容一些，而不是听了老师的投诉，没有把情况了解清楚就给了孩子一顿打。爱因斯坦的妈妈和爱迪生的妈妈，对孩子那么包容，那么相信自己的孩子，无论别人如何看待她们的孩子，她们都是耐心地对待自己的孩子，用心地培养他。我后悔了，后悔自己前几天的冲动和虚荣心，后悔打了孩子。

从那以后，我在接到投诉后都会去问问孩子的想法，听听他的解释，然后帮助他，而不是揍他。

如何布置假期作业？如何让孩子保证质量完成作业

儿子小学毕业了，暑假的时候我买了一本英语阅读训练的作业送给他，让他每天完成一定量的英语阅读，然后准备开学。但是他开学摸底考试时，英语考得很差，我也没有仔细去想是为什么。一年后，谈起小学六年级毕业的那个暑假，儿子对我说他没有认真读那本书，答案都是抄的。我才明白我被他忽悠了。家长给孩子布置作业后要看看答案是否在书后面，尤其对调皮的孩子要有些规定，告诉他不要去抄答案或者把答案藏起来。另外就是想办法在给他阅读的书之前就让孩子明白假期坚持英语阅读的重要性以及注意事项。中途可以设置小测验，看看掌握情况。

儿子上博士后，我们有一次聊天，聊到他小时候经常玩玩具忘记写作业、看漫画书忘记写作业，我扔过他的玩具和漫画书。他对我说："妈妈当年为什么你没有把我的玩具和漫画书锁起来，这样我找不到，我就会先写作业了。"我也在想，是啊，当时为什么没有想到这个办法？只是把玩具和书放在那，叫小朋友不要去看，他年龄小，控制不了自己，我们应该用更多更好的办法来解决，或者和他讨论如何解决。问他为什么小时候不告诉我有这么好的办法，他说他当时没想到。其实我们有时候解决一个问题应该和孩子坐下来讨论怎么解决，而不是生气和野蛮粗暴地扔掉孩子的玩具和漫画书。

在孩子成长过程中要留意保护孩子自尊心和自信心

初中的时候，有一次老师为了帮助他，让不同的同学来写他的优点和缺点，有些是赞美的，有些是批评的。赞美他的同学认为，孩子除了性格上过于活泼，自控能力差，没有什么其他不好的地方，他单纯、善良、乐于助人；批评他的同学认为他上课讲话影响旁边同学听课，提问太多打断老师的讲课，但是也有个别同学有点人身攻击，我看完后没有把批评的内容给孩子看，只给他看赞美的内容。我一直保留着班主任给我的纸条直到孩子考上华南师范大学附属中学，我才给他看同学批评的内容，想让他明白妈妈为了保护他做出的忍耐。希望他继续努力去成就自己！

每个孩子都是不一样的，每个家长必须对他进行个性化的教育因材施教。

在孩子上初中的时候，有一次开家长会后，我们几个家庭聚会，在聊天过程中，谈论孩子将来什么时候出国留学，我当时就说我希望他在研究生的时候出去留学。因为我觉得可能在国内读本科，他的同学朋友在国内会更多，利于将来互相帮助。这时，有一个家长就对我说，那如果到国外去读本科，朋友可能就在世界上许多不同的国家。同时他又对我说了一句："你的孩子适合早点出国学习，因为我的孩子回家会聊起你的孩子，说你的孩子很聪明、爱提问，上课提的问题多，但并不是每个老师会喜欢他。因为老师需要考虑教学进度，没有时间来回答他的问题，同学会认为他干扰老师讲课。"我后来就认真思考他的讲话。在初中毕业以后的那个暑假，我们又去听了一些出国留学的讲座，也读了一些关于日本、美国等国家教育的书籍，然后就正式把这个到国外读高中的事情放到日程上。我们花了四个月申请美国排名在前的高中失败了。于是，我们就开始思考让他在国内读国际学校。他离我们近，经常可以见面，同时给他一个相对比较宽松的环境，去选择性地读他喜欢读的课程。我们又利用一个暑假一起去国外参观名校，了解那些学校，拜访一些教授、专家，倾听他们的意见。后来觉得我们这条求学之路是走对了，他到了国际学校如鱼得水，学习成绩大幅度地提高，最后很幸运地考上剑桥。我们在国际高中这三年中，唯一补习过的课程就是英语，其他功课是在老师的教育下和自学完成的。

孩子大了，上博士了，我们经常互相推荐书看，讨论书里的观点，共同成长。其实，在孩子小的时候，我们没有做得这么好，经常以我为主导方，如果一开始就没有主导方，像今天一样平等沟通，情况是不是会更好？会不会少犯一些错误？

过去无法改变，只能期待孩子成为一个更好的家长，我成为一个好奶奶！

陈安然（Andy）

2011—2012 华南师范大学附属中学

2012—2015 深圳国际交流学院

2015—2018 剑桥大学自然科学专业

2018年至今 贝勒医学院读博士，研究乳腺癌

剑桥游随笔

肖乐群

今天早上五点多起床去散步,剑桥的街上空荡荡的,有昨晚通宵参加庆祝活动的年轻人稀稀落落走在街上。一年一次的大考结束了,同学们要庆祝一下。昨天傍晚在好几个学院门口,见到排长队的盛装学生及他们的校友。

散完步又睡了一觉,然后又起来去剑桥的市场走一走。因为没吃早餐,看见水果,想买,我挑了一条既大又漂亮的金黄色香蕉,称好。拿了身上唯一的英镑,老板问我有硬币吗?我说没有,刚到英国,只有20元。他还是说没零钱找给我。我遗憾地放弃香蕉,忽然间想到了微信支付和支付宝支付是多么方便。

我进了一间超市,里面有很多食物,买到了美味的沙律做早餐。上了超市二楼看到了许多鞋,不贵,但不是中国制造,而是印度制造。

6月23日晚上,我们终于体验了传说中剑桥大学休斯学院(Hughes hall)的晚宴(formal dinner)。剑桥大学有31个学院,每个学院都有各自的特色。因为儿子所在唐宁学院(Downing)最近没有相关仪式,儿子问了很多同学，终于其在休斯学院的学姐告诉他可以安排我们去参加他们学院的。

下午 18:45 前，我换上旗袍，儿子来酒店大堂接我们，一起步行去休斯学院。我们先沿着唐宁学院与化学系之间的马路步行，来到大草坪，然后右拐弯就来到这个学院。学院门岗办公室在一个集装箱里，里面宽敞明亮。这是剑桥唯一的用集装箱做的门卫办公室。

儿子的学姐引领我们进入举行仪式的大楼。上了二楼，进了大厅，我们先脱了外套挂好，在大厅里见到一些穿学袍的人。（学袍分三种：学士、硕士和博士）可以先喝点酒或者饮料，我拿了白葡萄酒，因为酒量小，喝一点就喝醉了。

约 20 分钟后我们下楼去了一楼大厅，晚宴准备正式开始。孩子提醒我们入座后不要离开座位，只有第一道菜上完后才可以离开。我们先入座，静待主持人念拉丁文，宣布开始。我们要站着听，然后坐下开始等上食物，一共三道精美的食物，上了两次酒。坐在一起的朋友们一起聊天，用餐后又上二楼喝饮料。我要了杯姜茶，我们五个人先坐在一起聊天，我和孩子的学姐上了三楼天台拍照。

八点多以后，活动结束，我们感谢学姐的帮助，道别后又与另一个学长结伴步行回酒店。

27 日中午，我们去体验剑桥唐宁学院的学生的中餐。忽然间见到门外来了一批小朋友，他们的老师在给孩子们讲解什么，后来又开始体验穿大学生的学袍。原来英国也从小进行读名校引导，进行立志培养。

梦想要有的，万一实现了呢？

6 月 24 日，我们一家三口从伦敦出发去了华威大学。因为我们在订火车票的时候出了错，火车要到CANLEY站，却订到了华威站，所以我们将错就错顺道在华威站下车。拖着行李箱，走几分钟后就到华威这个小镇。我们在古老宁静的镇上吃午餐、逛街。这是一个静谧的小镇，街上行人、游客都少，街道两边的建筑都很有历史感。

后来我们打车去华威大学。我们先去老公当年上学的宿舍，宿舍都是一排排红色的房子，周围有大草坪，草坪旁边，停了一些小的自行车，估计来这里学习的很多人是带着孩子的。老公已经不记得自己住在具体哪一间宿舍了，就在同学群里发微信，问同学，不断地向同学们汇报他的行程。后来我们就沿着小湖去学校的大楼。我们要穿过一个小湖，还要穿过一片树林，树林的旁边还有麦地，有人种了绿油油的麦子。先到了老公开学报到的地方，这是一座楼房，听说这是制造业的培训中心。英国是工业强国，为很多国家提供制造业的培训。老公向正在聊天的人打听他们上课的小楼在哪。于是我们又在他人的指引下去寻找上课的小楼。

这个时候儿子的作用发挥了，是他带着我们去寻找这个小楼的。当我们走进这座小楼的咖啡厅的时候，里面有两个人在学习。一个是黑人，一个是黄皮肤的中国人。我们于是就和那个漂亮的中国小姑娘聊天，告诉她我们此行的目的是来寻找老公当年学习的地方。小姑娘热情地招待我们，教我们如何取咖啡、茶水和其他饮料，这些都是免费的，只有酒吧里的酒才是要付费的。这些让我老公想起当年他们学习的时候，就是这个样子的，学校为他们提供免费的午餐、茶点。我们坐下来喝饮料和中国女孩聊天，最后我们会聊大家常用的话题，问她是哪里人，发现原来是广州人，住南沙。我们两家住得很近，开车大约10分钟的车程，于是我们格外亲近了。

老公是2001年来华威学习了3个月，由蒋震博士的蒋氏基金、中国国际人才交流协会和文冲船厂支助。我在书里读到过关于蒋震先生的故事，当时很激动，因为书里的人物与我们家庭有交集。蒋震先生出生于1923年，山东菏泽人，香港震雄集团创办人、"主席蒋震先生是香港极受尊敬的实业家"，他经过五十多年的奋斗拼搏，成为香港工业界的翘楚，全球最大的注塑机制造商；他没有受过完整的学历教育，却凭借自己的不断进取努力，获得3个荣誉博士，兼任复旦大学校董；他在晚年捐出个人的全部股份，总市值超过30亿港元，用于资助华人地区的工业发展。

老公说他在读书期间参观过剑桥，当时希望自己的孩子未来上剑桥。14年后梦想变成现实！孩子的两个梦想，我们全家人铭记于心，我与老公会努力陪伴他去追逐他的梦想！有的朋友知道其中一个，有的知道两个，感谢帮助我们的人！

无论是老公的成长、孩子的成长还是我的成长，我们都接受过很多人的支持和帮助！我们一家人在受惠的过程中也要支持和帮助别人，需要感恩他人与社会！只有这样才不负自己、不负恩人、不负生命！

6月28日下午，孩子在美国的寄宿家庭的父母来到剑桥大学。他们是应儿子的邀请来参加儿子大学毕业典礼的。孩子去美国游学三个星期住在他们家里，然后我们结下了深厚的友谊。他们到中国北京、杭州、广州以及山西省旅游，期间在我们家小住了几天。后来我们每次去美国会去看望他们。儿子去美国参加一些活动，他们都会接孩子去他家小住几天。

儿子在英国第一份实习工作所在公司的老板邀请我们去她家吃饭。我们也问她是否可以带寄宿家庭父母一起参加家庭聚会，她答应了。她后来告诉我们，一直很好奇，为什么我们去一个家庭只住了三个星期却保持这么多年的友谊。她也很想见到他们，来寻找答案。在孩子实习时，我曾要求参观他们公司并拜访他的老板。他们公司是生产艾滋病的检验仪器的，非常方便实用，可以在恶劣自然环境下使用，比如在非洲的高温条件下。

下午六点我们就搭出租车去儿子老板的家里。她的先生是一个法国人，一个科学家，曾经是国内南方一个知名大学的客座教授，英国医学科学院院士[①]。

我们到的时候，他正在厨房里准备晚餐。他们两个人有分工，一个负责烹饪肉类，一个人负责素食。先是老板接待我们，陪我们聊天，在院子里参观。后来，她的先生陪我们坐下来聊天，他们两个人轮流去厨房做家务，孩子偶尔去帮帮手。老板给儿子发了一个红色的杯子说是为了庆祝他毕业，要显得与我们不一样。她先生烹饪的烤鸡味道特别好吃，我们六个人吃了两只烤鸡。那天晚上有一个人因为身体原因，缺席了我们的聚会，他就是著名的诺贝尔奖获得者约翰·伯特兰·格登（John Bertrand Gurdon）。他原计划来参加我们的聚会的，对此我们感到非常遗憾，本来儿子想问他一些问题。

晚上九点半，天色还比较亮。但儿子的老板工作非常忙，和世界不同国家的人有生意往来，所以我们就先告辞了。回来的车上，我们还捡到了一个剑桥学生的 union society 的会员卡，于是孩子又回到学院把它交给传达室，希望他们通知学生来领取。

第二天上午我们正在准备去参加毕业典礼，孩子告诉我，他的老板给了他一个电话，他必须马上回电话。原来老板要他参加完毕业典礼以后，直接去格登的研究院去见他，她陪同一起过去。孩子非常地兴奋，参加完毕

---

① 英国医学科学院（The Academy of Medical Sciences）是五大学院中成立最晚的，于1998年成立，致力于生物医学和临床医学。

业典礼以后，当他的很多同学都在忙着拍照，他急急忙忙赶去格登研究院，倾听一个伟大科学家的教导。他们原计划见面15分钟，但最后沟通约40分钟。格登给了孩子关于科学研究的一些建议。孩子的老板给了孩子一些建议。其中一句是不要让浮躁限制了你的野心！

非常感谢儿子的老板，如此认真对待她对孩子一年多前的承诺，让他近距离接触诺贝尔奖获得者并给予孩子很多教导，教他如何对待工作、荣誉、金钱与对科学研究的兴趣。如果孩子某一天有所成就，一定不会忘记老板曾经为他的付出与教导！生命中遇到的"贵人"越多，越觉得我们一家人很幸运很幸福，越想为他人提供帮助！

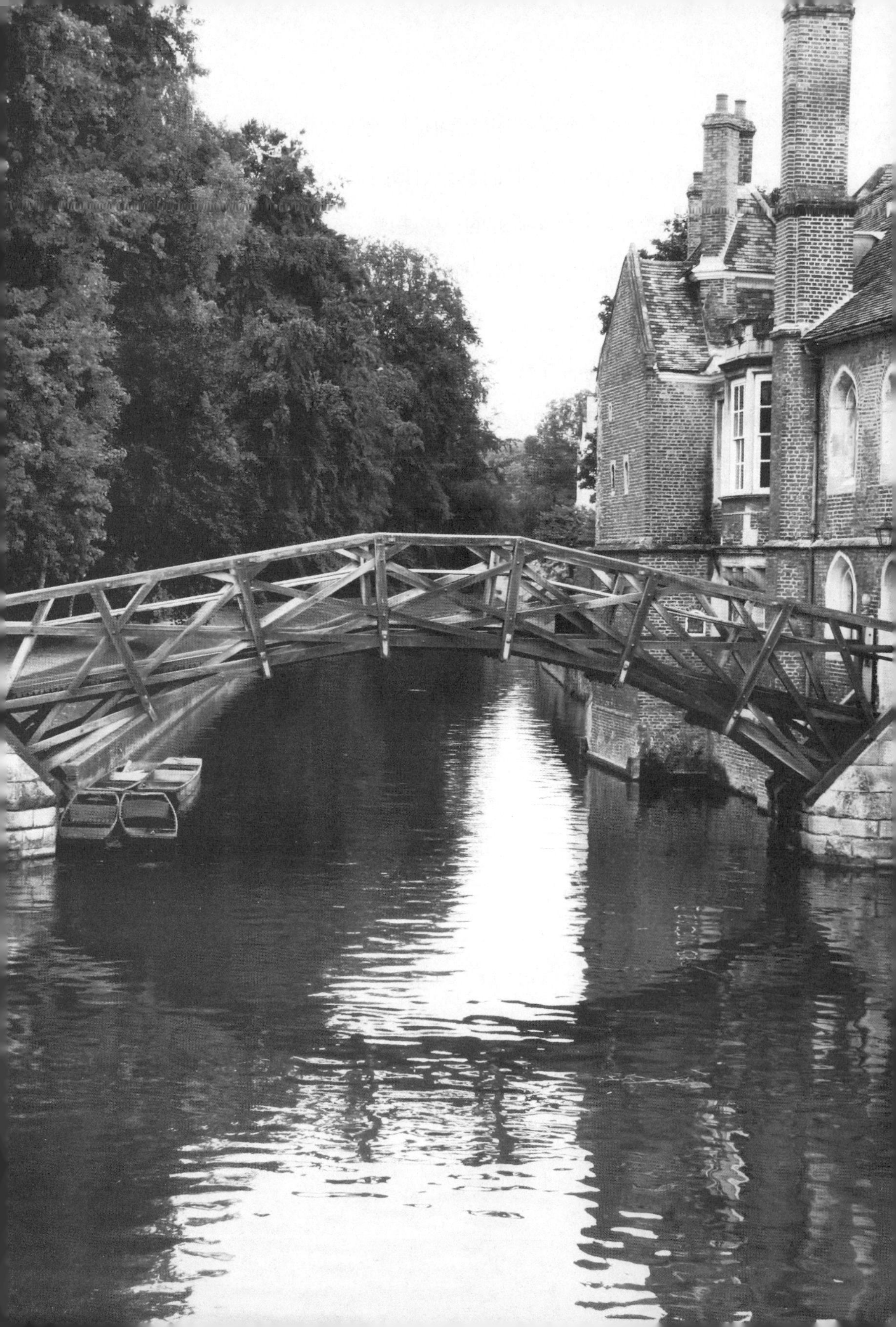

下篇 剑桥学子的学习心得

"凤凰涅槃，浴火重生"
——记求学生涯中的三两事

杨 越

"小马过河，水深水浅，需要自己试一试"，在印象中，这是爸爸从小学开始就一直对我说的话。在过去接近20年的求学生涯中，敢于尝试，勤于探索，勇于坚持，便是我的主旋律，也是我此时此刻能够在剑桥大学求学的核心原因。提及个人背景，普通的农村家庭、普通的教学资源、普通的学校、普通的智商，所有我能接触到的一切外界条件，都是普通的，甚至是不起眼的。我想，如果没有爸妈的支持，没有自己的坚持，就没有当下的美好。

还记得小学时，我并不是一个优秀的孩子，甚至是一个调皮且不爱学习的普通学生，没有才艺，没有好的学习成绩。但在我的印象中，爸爸和妈妈一直都是陪伴在我的身边，没有过多的苛责，更没有辱骂，从未因为学习成绩不好而受到责备。也正是因为这样，在小学升初中的那一次考试中，我没有取得好的成绩，虽然爸妈没有苛责我，但我从他们的眼中能感受到失落。进入中学，我便开始暗暗发誓，一定要变得品学兼优。依稀记得，住在寄宿学校，我凌晨一点打着手电筒，在宿舍的床上学习，做了一本又一本习题册,早晨五点起床跑操、晨读,就这样一连坚持了几年。慢慢地,我的成绩出现了明显的提升,从原来的倒数到中等,一直到年级的前几甚至是第一。我的自信心也在逐渐上升,终于从那个自我羞耻和怀疑的阶段到了一个自我肯定及认可的阶段。

但仿佛那时候的自己就是很不幸,已经付出了所有我能付出的一切,晚睡早起,比别人付出多得多的努力,不断探索学习方法,成绩也已经名列前茅,但是出乎所有人的意料,中考失利了。可以想象一个刚刚通过努力,提高自己,获得自信的15岁的孩子,再次接受失败的感受吗?毫不夸张地说,昼夜难眠,以泪洗面,建立的自我肯定及自信再次被瓦解了。跟妈妈打电话,只知道一个劲地哭,没有什么能够表达当时的难受。但幸运的是,爸爸妈妈并没有因此责怪,妈妈听到我哭后直接奔回家陪我,爸爸知道我不肯复读,带着我去本市的不同学校去询问可以读的学校,这一切的一切让我更加觉得自责。带着这样的心理,再次出发,走进高中,如果说初中三年我付出了很多,那高中三年一定是我刻骨难忘的三年,读着普通公立学校,无法拼师资,无法拼外援,唯一能够拼的便是自己的努力。不同的科目,不一样的学习思路,每一门成绩都要做到拔尖,可想而知,自己和自己较劲的过程有多难。功夫不负有心人,在日复一日的磨炼下,我在学习上始终能够保持在年级前列,并为自己定下目标,想学语言,想去北京外国语大学,将来做翻译,按照平时的成绩和表现,是完全有希望可以去的。还是那句话,那时候的自己就是很不幸,没错,我的高考又失利了,不仅没有达到我平时的水平,甚至比平时的水平要差了很多。那时的悲伤,无以言表,那也是爸爸第一次强烈干涉我的选择,要求我复读,但是我依然坚持了自己的意见,我要继续读下去,继续往前走。

就这样来到了一所普通本科学校，学了自己压根从未考虑过的专业。但不得不说，我人生的转折点正是从这所学校开始的。或许是因为周围的同学资质都是差不多，慢慢地，高考带给我的阴影开始减小，我开始投入大学生活中。回顾过去本科学习的四年，感谢自己保持优良的学习习惯，持续地学习下去。印象最深的便是考研的那段时光，整整9个月的坚持，中间有欢乐，有痛苦，有无奈。经历了国庆假期、五一假期，自习室空无一人，唯独剩下自己，那时候我就反复问自己，为什么别人都能那么开心地生活在当下，而自己却要不断地折磨自己，坚守着的意义到底是什么？洗澡的时候也在演算高等数学，吃饭的时候也在饭桌上用手画着高等数学，冬天外面下着大雪，为了让自己不瞌睡，便在大雪中背着政治与英文，这样一点一滴的积累，终于在9个月之后获得回报，最终取得所报考学校的专业全国考生中的笔试面试均为第一的成绩。那是从上学以来的第一次，感受到了原来努力和收获是可以成正比的，原来每一个早起的清晨和晚睡的黑夜是可以不被辜负的。

　　从那时起，似乎我的人生运气和轨迹都开始慢慢变好。面对研究生阶段的新课题，为了能够早些进入状态，发表文章，刚参加完开学典礼，我便将状态调整为学习模式，开启人生中科研"马拉松"。万事开头难，从材料化学跨专业考到化学工艺是一个新起点，还有一段长长的路等着我去探索。巧妇难为无米之炊，最开始接触理论概念时需要花大量时间查阅教材，实验装置也需要几经摸索才搭建起来。为了补短板、找思路，每天总结10篇论文，三个多月就把自己专业领域相关的一千多篇论文刷完，一有思路，便开始预处理并优化废弃物。经过上百次清洗、焙烧，一年之久的反复试错，终于等到可以提高实验成果质量的好变量。科研之路要想走得更远，国际视野必不可少，凭着对科研的热爱，我萌生了出国深造的想法，这场"马拉松"是我人生道路的又一次转折。

　　机会总是留给有准备的人，实力则是准备的证明。我在研究生阶段学业成绩名列前茅，获得一等学业奖学金，发表2篇SCI学术论文，参与2个企业合作项目，连续3年获得国家奖学金，具有熟练的专业操作技能，一项项"硬件"让我获得多所名校的面试机会。为了达到"秒回"教授问题的效果，我整理了一百多页的面试资料，自问自答理思路，时不时还与外教进行模拟面试。两个月里，我接连收到来自帝国理工学院、德国马普所全额奖学金通知，紧接着是瑞士洛桑联邦理工学院、牛津大学、新加坡国立大学、澳洲国立大学等高校的录取通知。在考虑何去何从之际，我意外收到剑桥大学次日面试的通知，虽然只有一天的准备时间，依然选择尝试。时间紧、任务重、倒时差、调状态，这一冲便冲进剑桥大学，并获得竞争极其激烈的全额奖学金。这些成绩的到来，于我而言，就像见到久违的朋友，高兴但不意外。目前，我已经在剑桥大学完成一年半的博士学习，平淡的日常工作和生活中带着惊喜与美好。对未来，我仍希望将来能成为国家重大课题项目的学术带头人，助力国家科技创新，希望将来搭建国际研究平台，促进中外国际科技交流。

杨越

2008—2010 兴化市芙蓉外国语初中

2010—2012 兴化市楚水高级中学高中

2012—2016 苏州科技大学材料化学专业本科

2017—2019 华东理工大学化学工程与技术硕士

2019年至今 剑桥大学材料学专业博士在读

十三岁的际遇
——心中的剑桥

梁 策

奇妙的想法

2003年8月30号,是我即将离开剑桥的倒数第三天,在即将结束游学旅程时,我决定去拜访在剑桥生活并工作的著名数学家与物理学家,以研究黑洞而著称的英国残疾人科学家史蒂芬·霍金教授。

要说到去拜访霍金教授的原因,还真是很多,然而出发点是完全基于我对科学的热爱。我想请教霍金先生一个光学上的物理问题,这个问题是我的父亲早在28年前就发现的一个光学现象。这个现象概括说是一种由光和其他因素造成物体间空间感的不真实。我们的眼睛和照相机都受到这种现象的蒙骗,从而对驾驶汽车、绘画都造成很大的困扰。就目前科学角度来说,全息摄影才能片面地解决这个问题。父亲很重视这个问题,二十多年来也参阅了很多书籍,问过许多人。但由于种种原因,加之父亲不是搞物理专业的,这个问题一直被耽搁了二十多年。这非常遗憾。不过,父亲将这个问题告诉我,我最大的愿望就是能够研究出这个问题。这个愿望伴随着我成长,不仅激发我对科学的热爱,更是我前进的动力。在这次去剑桥之前,我曾读过一些霍金的著作,知道霍金教授在宇宙学、粒子学方面很有建树。而我们的光学问题与空间学、粒子物理有很大的关系。当我得知霍金先生现在就在剑桥生活时，我十分兴奋。父亲开玩笑说："这次你有可能遇到霍金呢！他经常和朋友在咖啡馆里喝下午茶。"我当时听了一笑了之，心想他怎会轻易露面。但在旅程快结束时，我们被告知将会有一天半的自由活动时间。我心中一动，脑海中冒出了想去拜访霍金先生的想法。几年过去，如今回想当年的举动，如果我年龄大一些的话，我可能就不会去找了。所以，感谢我的初生牛犊不怕虎。在8月31日下午1点半，我出发了。

关于霍金的住址，我只知道他住在剑桥西路5号，这还是从他的书中找到的。我打电话订了一辆出租车，当我报上这个地址时，电话中沉默了一会儿，我担心是不是没有这个地址呀！只听那边说："Ok,hold on please."（好的，请等一下）然后就挂下电话。我只能硬着头皮等。大约过了15分钟，出租车终于来了。令我感到吃惊的是，开车的竟然是位六十多岁的老先生，我猜想，应当是与英国老龄化人口有关吧！上车后，我与他核对地址，发现他说的地址是西路（west road），而我报的是直接从汉字中翻译过去的Cambridge west road这个地址是根本不存在的。当时我是不知道缘故，后来终于明白，是由于英汉两种语言对地址的排序不同导致的。然在当时，我急中生智，告诉他我要找霍金，但不知道他具体住在哪里。这位司机老大爷流露出很惊讶的神色，却又很亲切地告诉我他知道霍金住在西路。我听说后才放下心来。这位和蔼的老大爷一路上问了我很多问题，很惊讶我一个中国小姑娘要拜访霍金。他还告诉我霍金先生在剑桥乃至全英国都十分受尊重，每年都有很多学者来此拜访他。"不过，"他说道，"像你这样的小孩子来找他我还是第一次见。"我听后却是十分地开心。很快，车开到了西路 5 号门前。司机老先生对我说:"There you are, miss."(到了,小姐)下车之前,那位司机老先生说了好多次祝福的话,他说:"Good luck dear, god bless you!"(上帝保佑你,祝你好运!)

意外的收获

下车后,我走进院子。那是一座独立式的二层楼的别墅,院子很大,房子也很漂亮。我慢慢走近院子里,心突然跳了起来。我突然意识到自己还没准备好要怎样说呢!霍金会不会不肯见我?刚才在出租车上兴冲冲的劲儿被一扫而光。

我脑海中浮出了许多画面,以霍金这样的世界著名教授,会接见我一个中国小孩子吗?他是残障人士,我怎么同他交谈呢?无数个问号一下子冒了出来。踌躇了一会,突然听到里面有嬉闹的声音,从窗户里竟看到一位年轻的女子,头上顶着白毛巾,身上裹着浴巾,俨然是从浴室中刚出来的样子。我感觉不太对劲,这可不像是霍金先生的家呀!正因为起了疑云,才打消了我的担心害怕。我终于按下了门铃。来开门的是一位年轻的印度女子。我大吃一惊,问她:"请问霍金先生住在这里吗?""No. he used to live here."(不,他原来住在这里)"Do you know his new address then?"(那你知道他的新地址吗?)"Sorry, I don't know."(对不起,不知道)在门关上后,我心中抑郁难耐,不知该怎样办,默默走出院子,连照片都忘记拍。我在那条路上来来回回走了好长时间,心中烦恼之际,忽然看到迎面走来一对老夫妇,他们的穿着打扮倒像电影中知识分子的形象。他们和蔼的表情让我有信赖感。我很放心地走上前去，对他们讲明来意。如同司机老先生一样，他们对我的行为表示很惊讶。然而，他们同样很遗憾地表示爱莫能助。不过，他们却给我出了个好点子，他们说："这附近住的都是剑桥大学的教授，你可以问问他们。"

　　道谢之后，我向大路旁的一条林荫道走去，穿过林荫小道，来到一片青葱浓郁的草坪，有远近不同的几座别墅坐落在眼前。我也不管许多，随意向离我最近的一座别墅跑去，悄悄走上木制的台阶，看到门旁钉着的标牌上，写着都是某某教授的名字。我知道这里住的都是教授了。我又仔细看了一遍，没有霍金教授。正想着，屋子里仿佛有响动，我想都没想就随意地在一个"教授"名字旁按下了相对应的门铃。门开了，一位个子很高，头发已有些花白，很瘦很有风度的人走了出来。

　　他是一个地道的英国绅士，穿着浅蓝色的衬衣，扎着领带，炯目上架着一副金丝眼镜。他很友好地问我："Yes, madam.how may I help you？"（小姐，我能帮你什么忙？）我答："I'm looking for a famous professor."（我想找一个著名的教授）听完后，他立刻幽默道："There are about 2000 professors living here, and they are all famous. Which one are you looking for？"（在这里住了两千多名教授，而且都挺有名，你要找哪个？）我说要找的是霍金教授。他笑道："Ah! I know this professor. I'm sorry. Mr.hawking doesn't live here."（啊！我知道这个教授。对不起，但霍金先生不住这里。）我一听，失望地刚想说再见。这位教授突然说："While,come and follow me."（来，跟我来）他说可以找别人帮我。我正丈二和尚摸不着头脑时，他竟然已带我穿过他家的厨房、客厅。我在惊讶中参观了剑桥教授的家，在厨房中还看到吃的东西，客厅的桌子上摆了几本书。原来和我家里的摆设是大同小异呀！这件事在如今看来，的确不算什么。再伟大的人也有凡人的一面，也要食人间烟火。但当时对十几岁，又同时崇拜权威的我来说，却是消除了我对权威的神秘感，拉近了我与他们之间距离的最好机会。来到后院，教授打开后院门，指着不远处一幢白色的房子说，那里可以查到教授们的住址。然后他像所有帮助过我的人一样，祝福我能顺利找到霍金。这件事我至今每个细节我都记得很清楚，为什么？在英国，人们对生人一般是不会主动让你到家里去的，而这位老绅士却带我穿过他家厨房等私人空间。我想如果我再大几岁，他可能就不会这样做，也许，我是一个一脸稚气的外国小孩而让他不会产生任何戒备之心吧！不过，不管怎样，直到现在，我都十分感激这位英国老教授。但由于时间十分仓促，加上当时我的英语交流程度不高。我只知道他是剑桥大学的一位音乐教授，很喜欢中国音乐。我同他说起我的父亲是位画家，他很高兴，毕竟搞艺术的人之间都有共同语言。我很后悔没能将我的明信片送给他一套，我甚至不知道这位教授的名字。

午后的大学城

我走进音乐教授所指的小白房子，屋子中弥漫着下午茶的味道，有两位老先生在聊天，看到我都起身打招呼。我告诉他们，我想查找一下霍金先生的住址。其中一位笑着说："You find the right place, here got the information you want to know."（你找对地方了，这里有你要找的东西）边说着，边抱出厚厚一本公文夹开始翻找。在这个当下，我环顾四周，整个小屋沐浴在蓝天之下，阳光闪开树影，投在窗户上，呈现出一片安静祥和的景象。我不禁联想到此时霍金先生可能正在家中与朋友边喝茶边探讨有关宇宙的奥秘。在这种惬意的环境中，大家安静地做学问，真是十分理想。

正遐想中，那位老先生已找到有关霍金先生的资料。据回忆，霍金先生应当是住在女皇学院路（Queen College Road）并告诉我该如何过去。

但遗憾的是我最终没能去成，女皇学院路距离我当时的位置挺远。我从出发就按地图所示方向走，沿途也问了不少人。可是我却总感到越走越不对，站在一个十字路口旁，不知该如何是好，迷茫地望着四下。却是很巧，我又一次遇到了那两位热情慈祥的英国老夫妇。

第一次遇到时是在剑桥西路——霍金旧居。我曾说过他们的打扮十分经典，的确是这样的。老先生西装革履，拄着根别致的拐棍；老奶奶穿着浅蓝色的连衣裙，挎一个小皮包。这次他们也看到了我，主动朝我走来。看到他们，一种熟悉亲切之感油然而生，就好像一个受了委屈的孩子一样，我希望向这两位老人倾诉。老奶奶关心地问："Did you find him ,dear?"（你找到他了吗？亲爱的）我告诉他们还没有找到。他们二位同时安慰我："It's ok ,don't worry, young lady, you will find him."（没有关系，小姐，你会找到的。）虽然我当时内心十分焦急，但有这么多好心人在帮助、关心我，我心中确实是非常感激。辞别了热心的英国老夫妇，我又走了将近10分钟的路。越走越远，路变得陌生起来。抬腕看表，已是四点多钟，临近黄昏了，我还要按时回到寄宿家庭。虽然很无奈，我却不得不做出放弃找霍金家的打算。

我开始往回家的路上走。由于不再赶路，放松心情，我边走边欣赏这座古老的大学城。走在康河岸边，望着河对岸雄伟壮丽的学院，夕阳的余晖投洒在河面上，掠过发梢，使我心中充满暖意。整个大学城笼罩在温暖的气息下,柔和的调子,美丽的色彩,像莫奈的印象油画。我只顾欣赏,却忽略看路,走着走着,竟走迷糊了。下了一个斜坡,竟在 5 分钟后又走过这个斜坡。现在想起当时的慌张,实在是好笑。

巧遇的转机

虽说欣赏景色,没能如愿以偿找到霍金,还是很遗憾。可事情却突然出现转机。当路过一个曾经路过的学院门口时,我又看到那个我曾请求她帮忙的剑桥学生了,她是位利用假期时间为本学院当游客解说员的剑桥学生。再次遇到她真是我的幸运。她建议我到霍金所在的学院里去找,并告诉我霍金所在的学院是冈维尔与凯斯学院(Gonville and Caius College, Cambridge,1348 年)。我一想,这真是太好了,即使霍金先生不在剑桥,我也可以让学院里的人帮我转达信息呀。我一下子又振奋了起来。之后,我抓紧时间,向别人打听冈维尔与凯斯学院怎样走。终于打听到了,我的心也踏实了。

走在回家的路上,我激动的心情溢于言表,毕竟是长这么大第一次做这种大事呀!其实,我内心除了激动以外,更多的是感激之情。在短短的一个下午,我感受到了人与人之间的温情,从司机老先生、绅士风度十足的音乐教授、慈祥的英国老夫妇,到为我提供宝贵信息的剑桥学生,甚至于推着婴儿车的年轻女士。他们都尽了最大的努力帮助我,以他们的微笑鼓舞着我。我内心充盈着温暖。怀着这种感激的心情,我决定利用第二天上午,也就是我在剑桥的最后一天,去霍金先生工作的学院拜访。

第二天一早，在被允许自由活动后，我就直奔冈维尔与凯斯学院。这所学院离我常去的市中心不远，它的侧面对着一个小小的广场，广场对面有一个跳蚤市场。走进学院大门，在回廊的右侧有间屋子，屋子外有桌椅，是个咨询台。这所学院的建筑是18世纪的风格，里面的陈设也是古香古色。在咨询台，有两位老先生在读报纸。看见我走进来，其中一位问："Morning, may I help you?"（早晨好，我能帮你什么吗？）为了核实，我问："Is this Gonville and Caius College?"（这是冈维尔与凯斯学院吗？）"Yes, to whom you are looking for?"（是的，你找谁？）"I am looking for Professor Stephen hawking, does he work in this college?"（我想找史蒂芬·霍金教授，他在这里工作吗？）"Yes, but he is not in Cambridge now, I'm afraid to tell you that he would not be back in these few days."（是的，但霍金教授现在不在剑桥，我想他在这几天是回不来的。）听说我是来拜访霍金教授的，他们表示很惊讶。这时又有两位老先生从咨询室走了出来，四个人穿一样的制服，显然是这个学院里的工作人员。但霍金不在剑桥的消息实在是太令我失望了。这四位工作人员为我十分惋惜，因为我是从中国来的，他们四个也对我十分好奇，也都向我问这问那。他们问我为什么要找霍金教授，还问我中国的学校是怎样的。对第二个问题，我从他们的言谈中看出，西方人对中国了解甚少，还停留在中国改革开放前的状态。对第一个问题，因为我的英文水平有限，我只能用现有的一点英文叙述，我想他们并没有真正听懂我所讲的吧，但他们还是很认真地听我讲完了。一位老先生给了我一张留言条，叫我写下了我的名字、通信地址等。在留言条上，我也简单地写了我对光学的一些看法、来访的目的。当然，许多英文单词我都不知道，还要现查随身携带的电子词典。写完了一共不到两百字的留言条，并请四位工作人员帮我转送给霍金先生我亲自绘画并出版的一套明信片。这套明信片，我也分别送给这四位工作人员。

其中一位戴眼镜的老先生，也许觉得我从遥远的中国来一趟实属不易，也许认为我勇气可嘉，他竟主动提出可以带我参观一下霍金先生工作的办公室。我真是万分感谢，随着他走进霍金先生的办公室，内心激动不已。首先映入视线的是一个立在屋子的最左边、将近占了一面墙的大书架，里面陈列着霍金先生的书籍。大致看了一下，书大都很厚，我都怀疑平时生活都不能自理的霍金先生是怎样看这些书的。更令我感到惊奇的是，在这不很大的书房的两面墙上，分别挂着两张画。我原以为霍金先生是科学家，书房中应有许多宇宙模型之类、与科学有关的东西，没想到，在这有限的空间里，竟放置了两张画。我能注意到这点，是因为我会画画的缘故，是出于对画的敏感。其中一幅是别人为霍金先生画的肖像，显然是出自大师之手，虽是用西式的线条勾的白描，却是很流畅。另一面墙上挂的是一幅霍金先生与家人的油画。画中的霍金先生正与一个孩子下棋，我猜这个孩子有可能是他的儿子。我想这张画的意义是：无论是霍金先生还是谁，都希望看到生活中积极美好的一面吧。可见霍金先生也是喜爱画的。激动之余，我更感谢艺术的力量。我暗暗地想，说不定霍金先生在艺术上与我有共同语言呢！这就能为探讨光学问题提供极好的帮助。（因为父亲是在画画中发现光学问题的。）我问老先生是否可以拍些照片，"Of course, I think Mr.hawking would be very happy if you do so."（当然，我想霍金先生也会高兴你这样做的。）老先生的话使我感到欣慰，我在办公室里拍了几张照片，也为那位好心的老先生拍了一张照片。

当我站在霍金的办公室里——大师工作的地方，一种万分崇敬、真理至上的感情油然而生。带着激情，我对自己说："应该再回到这个地方。"

在剑桥的这段日子，这是我做过的，也是迄今为止我认为做过的最有意义的一件事。我没有见到霍金，但在寻找霍金的过程中学到了使我终生难忘的东西。每当我遇到使自己担心害怕的困难时，就会想想我曾去拜访霍金的经历，我感到底气是十足的。

> 梁策 (anya)
> 2004—2008 新加坡德明政府中学
> 2009—2013 新加坡国立大学政治与国际研究专业本科
> 2014—2016 新加坡国立大学政治与国际研究专业硕士
> 2016 年新加坡李光耀公共政策学院研究助理
> 2017—2021 剑桥大学政治与国际研究专业博士

女孩 13 岁拜访霍金——
读《13 岁小姑娘梁策万里寻访大科学家霍金回忆录》

冯德全教授

在我们缅怀伟大数学家、物理学家、宇宙学家霍金教授逝世的日子里，看到梁秋生先生发到网上，他女儿亲自写的 13 岁时独自去英寻访霍金的回忆录，我读了百感交集，心中久久不能平静。

一是因为霍金之伟大，连千万里之遥的中国小女孩也仰慕已久，执意要去请教他有关光学的一个谜团，可见霍金的研究之影响有多深远广阔。他的逝世是全人类的一个大损失，更令人悲痛不已……

二是由于《回忆录》作者叫梁策，是中国式早教"0 岁方案"（0—6 岁优教工程及实施方案）的受益者，她的父母数十年前读了"0 岁方案"，培养了这个好孩子。《回忆录》中梁策说她 13 岁去剑桥之前"已读过一些霍金的著作，知道霍金教授在宇宙学、粒子学方面很有建树。而我的光学问题与空间学、粒子物理有很大的关系"……从这话就能了解她的婴幼期按"0 岁方案"养育，视觉语言与听觉语言已同步相似发展，不然她哪能博览群书，甚至能读像《时间简史》之类的名著。

难怪我读着梁策寻访霍金的回忆录，她的语言是那么流畅生动，思绪是那样井井有条，情感是那样恳切真挚，把小姑娘的问路、遇人、失望、忐忑、喜悦、感激，心灵的跌宕起伏描绘得十分动人。

而更可爱的是13岁小女孩独闯剑桥，在多经周折中所表现的理智、自信、耐心、坚定，社交能力和执着精神等，如果没有"0岁方案"的"根系教育论"和"性格首位论"的早期养育是不可思议的！

此次小梁策长途游学寻访霍金，最后虽因大师不在剑桥而未能见面，但她却有幸接触了英国许多不同年龄和职业的大朋友，参观了霍金在冈维尔与凯斯学院的办公室，与学院的四位工作人员交谈，还边查辞典边用英文给霍金写了留言条，又拿出自己绘画创作的明信片赠送给霍金和四位年长的朋友，一切都是那么自然，最后带着未能与霍金谋面的一丝遗憾和更大的希望告别了剑桥。

那更大的希望是什么呢？我想小梁策心中想的一定是"我长大了还要来剑桥"。果然不错，现在小女孩已是大姑娘了，并且早就在剑桥读博还兼了大学的课余科研。今天她用她15年前的寻访记忆来缅怀霍金教授，我想霍金先生在太空有知也会无比欣慰的！

一个19岁女孩关于学习的独白

张潇文

引 子

为什么要学习?

小时候对这个问题一知半解,只是因为老师和家长鼓励我们"好好学习天天向上",就天然地认为应该认真学习,考一个好成绩,但从来没有想过是为什么。后来渐渐听说了像"清北""牛剑""常春藤"这样的世界名校,就觉得学习的意义是为了将来可以考一个好大学。而且大人们也这么认为,好好学习呀,将来就能考清华北大了。

但是,考上"清华北大"之后呢?

上初中后,身边的同学都萌生了对自己未来的想法。我清楚地记得,在初二参加"学农"的一个晚上,老师让我们在本子上写下十年后想要实现的梦想,并邀请几位自告奋勇的同学上台分享。有一个性格很爽快的女孩说她对世界各个角落的风土文化很感兴趣,想趁大学刚毕业的时候去环游世界;一个看起来憨厚的男生说他特别特别喜欢车,希望十年之后可以凭自己的能力买一辆梦寐以求的车;我们班的体育委员也积极举手上台,他说希望自己会一直坚持打篮球，上大学之后可以参加CUBA（中国大学生篮球联赛）……那个晚上的我，有点发呆地听着他们慷慨激昂地描绘梦想。仿佛每个人对未来都有着明晰的规划，而我提笔只能想到"考上好大学"，至于要考上哪个大学、为什么要去那里、要学什么专业、学这个是为了什么……我从来没有想过。

那天之前，我一直以为这种关乎前程的事情还离我很遥远。从那天起，我突然意识到，应该认真思考自己的兴趣和梦想，要开始为未来的道路做准备了。

所以，从那时开始，学习于我，就不再是考试成绩这么简单。考高分不再是为了让家长感到欣慰，而是为了实现更长远的梦想的底气。学习成绩更好的话，就会有更多的选择空间，对感兴趣的领域就有能力冲击这个专业最顶尖的院校，更加有机会在喜欢的领域里成为优秀的人。

慢慢地，我开始感受到，学习虽然可以给我们带来很多功利的好处，但是学习的最终目的不是这些身外之物。学习自己感兴趣的知识，在自己热爱的领域探索，深入了解这个绚丽而复杂的世界……这些给我们带来的精神层面的快乐，是任何物质都无法衡量的。学习是人生的一大意义。

这篇文章的内容，之前跟一些小朋友分享过，就是把自己多年以来通过学习生活总结出来的经验简单总结一下，希望对需要参考的家长同学们有所帮助。

1

对理科的学习，在初级阶段最重要的是计算能力。想每次计算都又快又准不是一件容易的事情，这也考察了同学的态度是否认真仔细。不要把每次错误都简单地归为马虎，想着下次注意就好，要想"不马虎"不是说说就能改的。最基本的，打草稿的字迹是否工整，列竖式的时候数位是否对齐，如果时间充裕的话有没有倒过来验算一遍，换一种方法做能否得到同样的结果。另一个很重要的就是思维方式。尤其是到后期，为什么一道题有的人一看就会，但有的人总是想不出来，为什么即使最终结果错了，如果思路对的话也会给一些过程分，都是在于思维方式，看你有没有理解这道题目的想法和意图。想锻炼理科思维方式的话，可以先从日常下手。上课时认真听老师的解题思路，不仅仅满足于只是知道答案；答题时每一步都要按照逻辑顺序写清楚，不省略步骤。做题时要想一想，出题者这么问的目的是什么？他为什么要提出这个假设？这道题有可能变成什么其他的问法？早点锻炼理科的思维能力，这对将来的学习都大有裨益。

对文科的学习，养成阅读习惯是最重要的。"读书破万卷，下笔如有神"，书看得足够多了，作者就会潜移默化地把他的写作技巧传送给你。所以，看什么书是很重要的。首先，一定要看文笔好的书。你的文风、文章思想、遣词造句，都会被经常阅读的作者所影响。有时候我会很明显地感觉到，就因为刚看过某个作者的书，这几天写日记的时候就会下意识地使用这个作者喜欢用的词。所以，建议大家多看纸质书而非网络小说，多看文字书而非漫画。因为网文的质量参差不齐，很多文笔幼稚甚至语法错误的文章都可以随便在网络上发表，如果读者缺乏对作者水平的甄别能力就很容易被带偏。那为什么看纯文字的书比看漫画书更好呢？漫画的配文都是一句一句，一小段一小段的，文章结构很松散，不如纯文本的文章更加能锻炼读者对文章框架的感知。

至于阅读的内容，并不一定要是世界名著。与举世闻名但会让你感到无聊的名著相比，看自己更感兴趣的题材效果更好。比如对一个专业很感兴趣但是不知道以后要不要走这个方向，就可以看一些相关的介绍书籍或者行业名人的传记。看科普类的书可以提高说明文，看时事类的书可以提高议论文，看小说或历史类书籍可以提高记叙文，看散文可以提高文采、扩充词汇量。好词好句不用去作文书里找，平日阅读时看到精妙的句子就可以摘抄下来，写作文之前可以翻来看看，找找灵感。边看书边思考：为什么要看这本书？这本书能让我学到什么？可以是一些文法上的技巧，比如作者对修辞和描写的灵活运用，可以是科学知识、历史故事，也可以是通过作者笔下的故事领悟出的道理……

至于外语的学习，最重要的是语言环境。如果没有环境就创造环境：看原音的外文电影，最好是无字幕，初学者可以带外文字幕，但不能是中文字幕；尽量多用外语与人交流，如果身边没有人会这门语言，就用外语跟自己对话；学习新单词后，尽量在写作或口语中用上这个单词，才会记得更牢。当然，最理想的方法是跟会这门语言的本地人交流。不用羞于开口，现实生活中大家不会在意你的口音是否标准，语法的小瑕疵也可以原谅，毕竟语言是传递信息的工具，只要能把你的意思表达清楚就达到了学语言的目的。

2

  时间管理是很多同学不太会注意到的一件事情。很多家长都觉得学习特别好的孩子一定是每天除了学习就不会做其他无关紧要的事情，但实际不是这样的，至少在我身边不是。有时，有的同学看似非常努力，抄了满满一本笔记，每天不间断地在做题、背单词，但是成绩还是没有显著提升，是因为他并不知道自己学习的方向，也没有合理地分配好时间。

  机械地重复不一定有用，时间使用的效率比时间使用的总量更重要。高效学习两个小时就可以把下午的学习任务都做完，剩下的时间都可以用来放松，或者提前预习明天的知识，比起有一搭没一搭地学一下午才勉强把任务完成，哪种学习方式更加令人愉悦，更加让我们第二天也有继续学习的动力？答案不言而喻。真正优秀的学生不会为了学习放弃所有其他的活动，会合理分配学习和放松的时间，让自己在不耽误学习的同时也有时间做其他喜欢的事情。

  如果对时间管理没有概念，可以先从给自己列计划表做起。先规划一下明天想要完成什么任务，再试着给自己制订周计划、月计划……不知不觉地，你就会自动在脑内给自己安排好时间了。需要注意的是，要先完成必做的任务（比如学校留的作业、最近要考试的内容），再去考虑休闲娱乐和选做的任务（比如提前预习明天的知识，额外学点自己感兴趣的东西）。还有，持续高效率地学习一段时间之后，要至少放松10分钟，让大脑缓一缓，把思绪理理清楚，才能再次精神饱满地投入到下一轮学习中。有一次跟剑桥教授交流的时候，他问我除了学习之外有没有其他的爱好，我说我会一些乐器之后他很满意，告诉我在学习之余一定要给自己大脑放空的机会。结束了一天的高强度学习之后，弹一首钢琴曲，或者去户外散散步、打打球，一边放松的时候脑海里还可以复盘一下今天的学习情况。

也许因为我善于管理时间、学习效率较高，家里人一直觉得我的学习之路很"轻松"。从小学开始，在其他小朋友花很多时间背课文的时候，我已经在课堂上就把课文背好了，回家之后就有了更多的时间看书画画。甚至在高三期间，在课业和申请大学的工作都非常紧张、压力也很大的时候，我还是雷打不动地每周五花半个下午去校民乐团参加排练。家长跟我打趣说高三这么重要的阶段，你到底有没有紧张起来呀？但是我知道自己的节奏，去乐团排练不是不务正业，而是给我紧张了一周的神经一个喘息的机会。

从小培养的爱好和特长，如果只是为了所谓的"给学习让路"就放弃，未免也太可惜了。首先，这是你的一技之长，是你和别人不一样的特点；其次，如果提高学习成绩的办法不是去试图提升学习效率和思维能力，而是要靠放弃所有的课余爱好的话，成绩是不会得到真正的提高的。就像一个人想减重，他不去加强锻炼，也不去平衡膳食，而是一味地靠节食来减重，短期看似乎效果很明显，但是靠这样减掉的重量是有限的，而且长期一定会反弹，治标不治本。学习也是一样。爱好是放松心情、调整状态的好方式，而且也会提升各方面的能力。参加社团可以提升交际和领导能力；参加乐团、球队之类的集体活动可以提升团队协作能力；参加比赛和演出可以锻炼心态，让你在重要的时刻不慌乱，比如，因为我高中期间参加过很多竹笛演奏表演和比赛，所以在剑桥夏校的晚宴上也勇敢地表演了一曲。只要练习充分，我不会畏惧在众人面前展示自己。我在进入到剑桥面试时，虽然内心紧张激动，但仍表现得很镇定，而且大脑格外清醒，与面试官对答如流。被很多人描述成"噩梦"的剑桥面试，我反而进行得很愉快。

3

真正来到剑桥之后，我感觉到环境的巨大差别，经常听身边的人提起"来自同辈的压力（peer pressure）"。在这里，身边都是全世界最聪明最用功的同龄人，但凡自己想偷一点懒，都会因为看到同学们的努力而自惭形秽。你认为只是一个小小的随堂测验，有的同学都会为了它复习到凌晨四点。考试周复习，你刷了很多套卷子，把错题全都巩固了一遍，觉得自己挺努力了，但是有的同学早已把每一个知识点都做成了记忆卡片，将笔记整理得像讲义一样条理清楚，已经开始研究课本知识背后更深层次的问题了。结束了一个紧张的学年，你想在暑假放松一下，就看到有的同学一边做实习一边准备考研，还不忘学个编程……在这样的环境下如果不调整好心态，很有可能被同辈压力压得喘不过气来，乱掉自己的节奏。

那么，到底应不应该和比自己优秀的同学比较？我们应该意识到自己与更优秀的人的差距，把这个差距转化为努力的动力。每个人都有不同的优点，与其拿自己的弱项跟别人的天生强项硬碰硬，不如找到自己的特长并把它发扬光大。当然，也应该向擅长我们的弱项的同学们学习，想想自己在这方面做得为什么没有人家好，至少要让弱项变得没有那么弱。其实，"能不能赶上他（她）"并不重要，重要的是自己有没有因为身边人积极的影响，而比之前更加有进步。面对同辈压力，可以多向给你压力的同辈学习，互帮互助一起进步，但要时刻记得自己想要什么，想往哪个方向走，保持自己的思考，不要完全被别人带跑。

我们终其一生都在探寻自己。有的人可能很早就表现出在某些领域过人的天赋和兴趣，有的人可能一直都找不到明确的方向。但是没关系！你还那么年轻，不需要害怕尝试和挑战，还有很多时间来慢慢探索自己真正喜欢且擅长的事情。如果对未来的道路感到未知和迷茫，不如试着给自己的人生做长期规划。夜深人静躺在床上发呆的时候，问问自己，我这一生最想完成的一件事情是什么？如果一切顺利，你最希望达成的目标是什么？是获得诺贝尔奖吗？还是想拥有属于自己的商业帝国？抑或是为这个社会做出具体的贡献？……那如果，要达成这个宏伟目标的话，你20年之后应该在干什么？10年之后应该在干什么？5年之后呢？3年之后呢？1年之后呢？……现在呢？

4

从初中时期萌生了出国读书的想法，到高中对国际教育的初体验，到紧张刺激的申请季，再到来剑桥上学、被一众"学霸"360°无死角包围……在这些经历中，我感受到了许多老生常谈的道理，真正作用在自己身上时的重要性。

首先，不要自我设限。在申请季的时候，有的同学明明预估成绩达到了"牛剑"或其他"梦校"的申请条件，却忌惮于录取难度太高，觉得自己肯定不会被录取的，就连尝试都不愿意尝试。为什么要抢先把自己给否定呢？即使别人都不看好你，只要对自己有信心，虚心求教、努力提升，就一定会离想实现的目标越来越近。曾经在我的脑海中，剑桥大学也是一个只存在于励志故事和教材中的名字，是一个远在天边、遥不可及的地方，以为能在这所学府里读书的人，不是名门望族，就是天才神童。但是来到剑桥之后，才发现身边的同学并不像自己想象中的那么"贵族"，那么高不可攀，其实大家都是普通人，只不过他们比我更加相信自己的力量，更加勤奋努力。

对于大学申请，我并没有"赢在起跑线上"。学习成绩不如听说过的"牛剑"学长学姐突出，各方面的能力也没有被锻炼得很成熟。一开始申请剑桥的想法也很简单，从没想过自己会被录取，只是觉得成绩够得上条件而且还有位置，就申请一下试试。

但是我也从来没觉得自己肯定不行，即使被录取的希望渺茫，对剑桥的申请我依然用了最多的精力去准备。想着一辈子几乎只有一次考中的机会，当然要把每个细节都做到极致，不能给上大学之后的自己留下任何遗憾。高二那年的暑假去剑桥参加了夏校，当时有一个剑桥教授给我们做模拟面试的机会。那时我对面试还没有任何经验，而且常年生活在非英语环境里，也没有专门联系过英语口语。在教授问问题的时候，脑海里虽然有一些思路，但是不确定应该怎么说，稍微犹豫几秒钟，话头马上就被教授接过去了。后来这场面试就变成他滔滔不绝地跟我讲解这道题应该怎么做，我插不上话，只能乖巧地坐在旁边听。我清楚地感觉到自己现阶段的能力与剑桥所期待的能力相差甚远，但没有因此气馁，回到学校之后，通过看网上剑桥面试的视频、跟老师借面试相关的书、充分利用跟学校老师练习面试的时间，以及观察其他表现更自如的同学是怎么做的，我的面试能力在不知不觉地进步。面试能力的突飞猛进，加上之前提到过的，通过参加大型演出和比赛锻炼出来的胆量，让我在面试真正到来的时候稳定发挥，获得了面试官的肯定。

所以，不要总是想"我做不到"，而是要把精力集中在"我怎么做才能变得更好"。

每一天的点滴进步累积起来，就会变成让自己都惊讶的人。我们有的时候会太谦虚，因为对自己的能力不够自信，就过早地给自己设限，封上天花板。可是你知道吗？有时候你连自己都没有发现的身上的闪光点，正是别人所青睐的。

其次，不要患得患失。面对很多事情，尤其是重要的大事，不用总去担心万一失败了怎么办。诚然，我们要未雨绸缪，为最坏的结果做好plan B的准备，但是在保底工作做好之后，就应该集中精力把这件事情做成功，而不是患得患失。为了一个不确定的失败担惊受怕，这没有什么实际作用，只会分散你的注意力，让能做好的事情也做不好了。既然最坏的结果也不过如此，那还害怕什么呢？害怕一旦目标未达成的失落吗？那为什么不趁着现在，趁一切还未成定局的时候，拿出自己最大的努力，尽可能地实现目标呢？梦想落空之后不一定会感到遗憾，只有当该为梦想努力的时候没有全力以赴，才会感到遗憾。只管全力以赴就好，不为别的，就是为了不让自己后悔。

另外，什么是全力以赴？记得以前老师跟我们说，全力以赴并不是"好累啊，已经到极限了"，而是"我还想更加努力，我还可以做得更好"。或盲目或极端的努力可能会把自己都感动了，但其实并没有什么作用。第一，你可能不知道自己为什么努力，应该朝哪个方向努力，怎样努力的效果最好。举个例子，费了好大劲刷完了100道题，但是不对照答案也不思考，那还不如专心把10道题吃透，仔细观察参考答案里解题的思路，认真分析出题者的意图,把自己容易犯错的地方做好笔记,以后才能举一反三。第二,即使明确了方向和方法,但是没有聪明地规划任务、分配时间,单纯靠着透支生命来达到学习目标,也未必可取。最理想的是调整到自己最适应的状态并长期保持,做到可持续性发展。只有一直保持着"我还可以继续加油,还可以向前冲"的心态,才能真正使出全力,把自己的潜力有效地激发出来。

后 记

收到剑桥 offer 之后的几天,我没有像想象中那样心情舒畅。一天晚上,我喝了几杯茶,可能因为咖啡因的作用,过了一会感觉情绪很激动,便提笔写下了这样的文字。

"那晚的 offer 像一场突如其来的梦境,让我在陷入晕眩的同时,又如坠入地狱般深深不安。似乎突然驶入了一条高速公路,已经无法再放慢脚步。我不知道这是否意味着从未承受过的压力和过于迅速的成长。……"

考上剑桥改变了我吗?似乎没有。我还是从前那个出生在海边的小女孩,喜欢看书、画画、弹琴、唱歌,喜欢穿漂亮裙子,学了很多乐器,对很多事情还是很好奇。无论在外面待了多久,一回家还是能回到那个熟悉的地方,见到很多熟悉的人,还是会被家里人当成世界上最优秀的小孩宠着,仿佛这一切都没有发生一样。

考上剑桥改变了我什么吗?又似乎有。我不再是从前那个小女孩,开始学着一个人做饭、坐飞机、处理各种事情,意识到自己与更优秀的人之间的差距,开始主动学习新事物,主动去组织不同的事情、和不同的人打交道,主动接受挑战和挫折。我确实驶入了一条比之前快很多的高速公路,现在能做的只有握紧方向盘，找到要开往的方向，全速前进。

不自我设限。不患得患失。不放弃任何机会。

永远保持微笑。永远保持好奇。永远感恩。

Recollections of my college application process (with a focus on Personal Statement writing)

Quain

On August 12th 2014, I received an offer from Magdalene College, Cambridge to study Psychological and Behavioural Sciences as an undergraduate student, marking the successful end of my application process. It was a long wait – preparation for the whole application process started more than a year ago, and I'm very glad that I got the best results that I could hope for.

For me, it was a year of psychological turbulence, and also a year of rapid personal growth. Growing up, I had always been an independent child and made important life choices on my own. But this time, I succeeded in pursuing what was considered quite impossible – securing a place in a discipline that Chinese students are not that good at (at that time), in a highly competitive university.

Warning: I made a very risky choice by applying to Cambridge with borderline-acceptable A-Level grades, and I only applied to universities in the UK. My case may not be applicable to most cases.

Diving into my passion

I first discovered my passion for psychology in an A-Level Psychology demo lesson. At that time, I just transferred from a Chinese high school to a school offering international A-Level curriculum, and students leveraged demo lessons as a basis to decide what courses to study in the coming academic year. Sarah, a young American lady who taught the subject, presented psychology as a very intriguing subject that is highly relevant to the daily life. I decided that I would take Psychology almost immediately.

Later, it turned out that Psychology became my favourite subject, and very naturally (without any strong objection from my family) I decided to put it as my college major.

Overcoming the barriers

There were many challenges along the way. I only had 1 year (AS) to prepare for college application, and I was completely new to the A-Level system. There were just too many things to consider: striking a balance between the subjects that I liked and those that helped me transition to university smoothly; getting good grades so that I wouldn't be instantly disqualified; preparing any additional material/activity/research that maximises my chance of getting into Cambridge...

The most challenging thing is – I'm just an ordinary high school student. I'm no genius, and not even particularly smart or talented. But I believe in effort. I spent lots of time talking to Sarah, read quite a few psychology-related books, and tried to perfect every essay I wrote. I also tried my best to put theories into practice by planning and executing my own piece of independent research, and exhausted my social resources for participating in any activity related to psychology.

I think the take-home message of my story is: Be proactive. Let passion be your guide.

回忆我的大学申请过程
——重点是个人陈述的写作

2014年8月12日，我收到了剑桥大学马格达林学院的offer，作为本科生学习心理和行为科学，这标志着我的申请过程圆满结束。这是一个漫长的等待——整个申请过程的准备工作在一年多以前就开始了，我非常高兴，我得到了我所希望的最好结果。

对我来说，这一年是心理动荡的一年，也是个人快速成长的一年。在成长过程中，我一直是一个独立的孩子，自己做出重要的人生选择。但是这一次，我成功地追求了被认为是相当不可能的事情——在一所竞争激烈的大学里获得了一个中国学生并不擅长的学科的名额（在当时）。

警告：我做了一个非常冒险的选择，以接近可接受的A-Level成绩申请剑桥大学，而且我只申请英国的大学。我的情况可能不适用于大多数情况。

投入我的激情

我第一次发现自己对心理学的热情是在一次A-Level心理学演示课上。

当时，我刚转学到一所提供国际 A-level 课程的学校，学生们以示范课为基础来决定下一学年要学习什么课程。教授这门课的年轻美国女士萨拉将心理学描述成一门非常有趣的学科，与日常生活密切相关。我几乎立刻就决定选修心理学。

后来，我发现心理学成了我最喜欢的科目，很自然地(没有受到家人的强烈反对)，我决定把它作为我的大学专业。

克服障碍

一路上有很多挑战。我只有一年的时间(AS)来准备大学申请，我是一个全新的 A-Level 系统。有太多的事情需要考虑：在我喜欢的学科和那些帮助我顺利过渡到大学的学科之间取得平衡；取得好成绩，这样我就不会立刻被取消资格；准备任何额外的材料/活动/研究，以最大化我进入剑桥的机会……

最具挑战性的事情是我只是一个普通的高中生。我不是天才，也不是特别聪明或有才华。但我相信努力。我花了很多时间和莎拉聊天，读了不少与心理学相关的书，并努力完善我写的每一篇文章。我也尽自己最大的努力将理论付诸实践，策划并执行自己的独立研究，用尽自己的社会资源参与任何与心理学相关的活动。

我认为我的故事给他人的启示是：要积极主动。让激情成为你的向导。

我在剑桥的求学经历

陈安然

大学本科时光是许多学生成年后经历的第一个时间段。对许多高中生来说,考上自己理想的大学可谓是最重要的目标之一。我依旧记得冬日那几个晚上,在我颤抖的手打开学校发来的电子邮件时的紧张,以及看到录取通知书内容时的狂喜。当收到了那封梦寐以求的通知书之后,我离开了熟悉的高中校园,那大学的校园中又会有怎样的一番景色?

更多的自由

步入大学意味着独立。我依旧记得我在新生介绍会里听到的:"你们都已经是成年人了,不会有宿管负责监管关灯睡觉,也不会有老师监督学习。你所有时间都由自己掌控。"和高中不同,大学并不再对学生进行严格的管理和限制,取而代之的是极大的自由。失去了严格的时间表的控制,大学的生活中充满了自由的时间。除了用这些自由时间学习知识,学生还能体验更多大学丰富多彩的生活：我在剑桥的三年中，我尝试了新运动。赛艇是剑桥的著名运动，每年的泰晤士河上都会有来自牛津剑桥的顶尖运动员在此角逐，是英国春季的一个重大节目。每个学院也有自己的赛艇队。赛艇队规矩森严，每天早上7点必须到河边的船坞集合，一条船上的九个人，少一人都无法出航。队员们无惧酷暑严冬，迎着晨曦出航，可谓是团队精神和意志力的考验。另一方面，飞盘（ultimate frisbee）则是一项轻松许多的运动，它既可以是十几个人的集体训练，也可以是几个人一起的午后游戏。它既可以是充满竞争的激烈比赛，也可以是在学习劳累之余的放松活动。除此之外，还有各种社团活动供学生挥洒自己的热情。自由也意味着更多时间管理上的挑战。如何平衡学业和课余生活是每一个学生的难题，即便是"学霸如林"的剑桥大学，每年也会有学生因为沉迷于课外活动而耽误学业，甚至导致退学。

更多的挑战

和高中每天数小时的课程不同，大学的上课时间出奇的少。剑桥的自然科学专业每天只需要上1—2小时的集体课程，外加每周不到10小时的实验课和4—5小时的一对一辅导。但这些改变绝不意味着轻松。上课时间的减少说明课程的密度极高。一个小时的课程中会聚集大量的知识点，其内容需要课后几个小时的时间去消化。如果说高中的课堂是老师将知识一口一口地喂给学生，那大学的课堂就是老师将大餐放在餐桌上，学生需要自己去获取并吸收。对刚刚离开高中的学生来说，这无疑是一个巨大的挑战。

但与此同时，这也是从学生成为学者的必经之路。学生的任务是从书本上获得知识，而学者则是自己去寻找和开阔知识的疆域。有些时候为了理解一个知识点，需要花大量的时间在图书馆和互联网查阅资料。

除了课业量的增加，学习的方式也发生了质变。在探索知识的路上，有些时候一个问题的答案永远无法在任何已有的书籍中找到，而是需要自己通过实验去找到答案。因此在剑桥的自然科学本科教学中，学生不仅需要知道问题的答案，也需要知道当时的科学家是通过什么实验得出这些结论的。在剑桥，学生会和一百多年前的物理学家一样用摆锥精确地测量剑桥的重力常数，也有机会重复摩尔根的果蝇实验并自己推导遗传定律。在大二的一次化学实验中，我因为用错了溶液导致意料之外的结果，而每一次实验的结果又会被计入最终考试的总分。在绝望之际，辅导我的老师鼓励我继续做下去，并认真分析可能的产物是什么。最后，我在实验报告中记录了我当时的错误，并分析了这个错误造成的产物变化，最后通过对产物的分析验证了我的猜想。出乎意料的是，这份报告最后获得了不错的成绩。

更多的机会

大学的学习生活还隐藏着许许多多的机会，但需要自己仔细去寻找。出于对生物学的热爱，我在大一的时候申请加入剑桥的国际遗传工程机器设计竞赛（IGEM）队伍。第一次申请的时候我落选了。很多大一的新生也许在收到拒绝信以后就望而却步了，但我决定又发了一封邮件给组织者，问我还有哪些方面需要提高，心想着就算这次失败了也能为今后的申请做准备。令我意想不到的是，组织者很快回复了我。他们考虑到我是大一的学生，因此可能没有经验，而且也想留更多的机会给大二的学生。但出于我的热情，还是给了我面试的机会。更加出乎意料的是，面试之后，我成功入选了。最后我们的队伍成功获得了金奖和植物学专项奖。

除了获奖这一结果以外，我还在准备比赛的过程中获得其他机会。我们参与了各种学术和科技会议。在其中一个会议中，我认识了一位公司设立于剑桥附近的企业家和科学家 Helen。我在她的演讲后找到她，表达我对项目的兴趣，她把名片给了我。在之后的邮件联系中，她邀请我去她家"面试"。她和他同为剑桥大学教授的丈夫和我一起讨论科学家所需要的特质。Helen 说："有智慧的人，应该知道未来的人们需要什么，并从现在开始为之努力。"我问道："那怎样才能知道什么是会被未来所需要的呢？"她的丈夫说："如果不确定什么领域会成为未来的热门，那就让自己所在的领域成为热门！"他们的这两句话我一直牢记在心。之后我们又愉快地谈论了我之前的研究经历，他们公司的项目，还有近期的生物学热点。在面试通过之后，我在她的公司里度过了整个寒假，学到各种科学和研发的知识。实习结束后她告诉我，她认为我是一个热情且真诚的人。之后我们成为朋友，她带我认识了许多优秀人士，包括诺贝尔奖获得者。即使我从剑桥毕业了，我们至今也依旧保持联系。回想起来，无论是最后的比赛获奖还是得到 Helen 的"贵人"相助，这一切都来源于在初次被拒绝时因为不甘心而向组织者多发的一封邮件。

对走出高中的学生来说，大学本科注定将会是一段丰富多彩的时光，有更多的自由、更多的挑战，也有更多的机会。大学时光转瞬即逝，希望每一个步入大学的学子都能充实地享受自己充满活力的年轻时光。

申请文书：从合适的角度展现真实的自己

陈安然

晨风徐徐，阳光明媚。我的微信电话响了起来，原来是我原先高中的学弟 A 同学，之前和我约好了讨论申请的事情。

寒暄了几句之后，A 同学告诉我他的兴趣，也和我诉说了他对美国和英国顶级大学的向往。看到他描述着自己梦想中的学校的时候，我仿佛看到曾经的自己。

仰望星空固然美好，但同时也要脚踏实地。过了一会，A 同学终于向我抛出了他的问题："学长，我还有一年就要申请学校了，这个时候文书方面应该如何准备？"

"一年的时间不早不晚，确实是一个开始准备的好时间。"我肯定地说道，"成功申请的秘诀之一，就是要提早准备。俗话说'巧妇难为无米之炊'，如果一个学生本来就没有什么经历的话，即使文采再好，也很难写出充实的文书介绍自己。"

说到这里，A 同学不安地问："我看到我很多同龄的同学都参加了支教等活动，我从来没有参加过，现在是不是已经来不及了？我看到有些同学会夸大,甚至捏造自己的经历,你觉得……"

"不行,这是诚信问题。"我坚定地说,"我来给你讲个我初中的时候从语文老师那里听来的趣事吧,他在中考改卷的时候总是会看到这样的作文——'在我生病的时候下着大雨,父母把我抱在怀里,冒着大雨一步步把我送去医院,雨水打湿了父母的衣服,我感受到了父爱/母爱的伟大!'阅卷老师看到后会怎么想呢?现代社会了,下雨的时候难道不知道坐汽车吗?这种东西一看就是编的。既然故事是假的,那情感必然不是真的。和阅卷老师一样,看过无数份文书的招生官也能看出哪些经历是真实的,哪些经历是夸张过的,甚至是凭空捏造的。编出来的假经历就算一时侥幸没被发现,也会在面试的时候露出马脚。我在剑桥大学的第一轮面试的第一个问题就是问我高中课外实习的种种具体细节。"

"不过,就算你没有那些'热门'的经历也无须担心,"我接着说道,"学生的经历本来就不应该是千篇一律的。你的一些同学有一些你没有过的经历是非常正常的情况。当年在学校的时候,商业比赛、支教也非常流行。这些活动看起来似乎像是每个优秀学生都必备的经历。没有这些活动经历的我曾经非常焦虑,但我在冷静之后问了自己几个问题——这些活动真的是我感兴趣的吗?参加这些活动真的能让我更出色吗?能体现出我自己独特的一面吗?答案都是否定的。后来我仔细地想了想,我真正感兴趣的活动是什么?我能为学校的课外活动做出什么样的贡献?后来我发现我的同学中不少都对身边的动植物感兴趣,但是并没有相应的社团,于是我和其他志同道合的同学们一起创办了自然历史(博物学)社。"

看到 A 同学若有所思的样子,我问道:"你对什么感兴趣?有什么希望与其他有同样兴趣的同学一起分享的吗？"

A同学想了想，说："我对茶艺感兴趣，希望更多的同学可以体验到广东的茶文化。我已经在学期初提交了申请表，希望能在今年组建自己的社团！"

"能做自己感兴趣的活动，燃烧自己的热情，远比跟风去做那些看似热门的课外活动要好。这些课外活动不一定是组建社团，也可以是体育运动、独立研究，等等。能在这些活动中有所收获、有所感悟才是最重要的。"

"谢谢学长的建议，还有一个问题，我现在正在同时申请英国和美国的学校，请问在申请上有什么区别呢？"

"在高中的一次家长集会上，有一位家长问我们当时的校长，什么样的性格才是牛津剑桥等顶级大学所看重的。你猜我们牛津剑桥毕业的校长说了什么？"

"让我猜猜……或许是难道说是乐观、善于交际之类的？"

"校长回答说，他们不关心你性格如何，只要学术能力强就行。这个答案当然是有些夸张的，毕竟没有招生官会喜欢性格恶劣的学生。他的答案也确确实实反映出不同学校关注点上的差异。一般来说，英国和中国香港地区的大学更看重学生的学术水平和能力，而美国的学校则更看重学生学术之外的品质，比如性格，对生活的态度，以及领导力，等等。如果没能在招生官面前通过文书让他们看到希望了解的方面，就如同在中餐考试做西餐，做得再好也很难让人满意。"

"所以在填报英国大学的申请中，应该尽量展现自己在学术方面的努力和成就。如果有对自己学科的亲身研究经历的话自然很有帮助。但招生官也能理解高中生也不一定有做研究的机会，所以学生也可以在写文书的时候通过描述自己阅读的相关书籍和自学的课程等，用学到的知识来体现自己的学术的能力。美国的大学文书则更加灵活多变，也因此更加难把控。比如说有一年芝加哥大学的申请文书的题目是'描述一个你所在文化中无法被翻译成其他语言的词汇'。这种问题需要从许许多多方面挖掘自己文化、经历、观念，以展示课堂以外的自己。"

听完了一整套长篇大论，A同学有些疑惑："原来这么复杂……学长你当时是怎么写的？"

"说个我自己的例子吧，我高中的时候在一个疫苗研究所实习过。在英国和中国香港地区的大学申请中，我将重点放在我在过程中学到的实验思路和技术细节以展示自己的研究能力。而在美国的申请中，我没有过多地描述实验细节，而是讲述了在实习过程中我个人的感受和感悟。我当时就写疫苗是一个非常伟大和重要的发明，不久前的新冠疫情更是证明了这一点。总而言之，如果用一句话来总结申请的话，那就是'从合适的角度展现真实的自己'。祝你申请成功！"

"我明白了！谢谢学长！"

通话结束后，我又想起了当时在申请时一遍又一遍修改文书的自己。"从合适的角度展现真实的自己"听起来很简单直接，但实际上操作起来却需要花费大量的实践和经历。为了雕琢细节，我和指导老师一遍又一遍地讨论和修改，甚至有时为了兼顾学业而熬夜修改，以致第二天差点错过了回家的高铁。写文书的那段迷茫且煎熬的日子是每一个留学申请者必然会经历的时光。文书不仅仅是一个让大学了解申请者的机会，也是一个让学生自己挖掘自我的契机。祝每一位读到这篇文章的学子都能挖掘到自己的闪光点，走向自己梦想的学校！

附录 剑桥学子家长简介

肖乐群

大连海事大学工学学士、华南理工大学工商管理硕士,曾在华南师范大学修教育与发展心理学研究生课程。

2011年至今,举办过百场家庭教育讲座,努力推动本人的教育理念"培养一个有梦想的孩子",分享家庭教育的经验和教训;《我不是虎妈他不是学霸——剑桥男孩成长记》作者,《通往剑桥之路——十六位家长教育笔谈》主编,《世界名校学生家庭教育手记》作者之一。

2017年成立逐梦咨询(广州)有限公司,帮助更多的孩子拥有梦想,帮更多的家长陪伴孩子追逐梦想,帮助孩子成为更好的自己!

李周男

高校教师。教育部、农业农村部、人社部、团中央、中华职教社创新创业导师。先后从事青少年教育、大学生职业生涯规划、创新创业、批判性思维教育及研究等,工作近30年。曾担任石家庄外国语教育集团两届家委主任。

吴张勤

贵州茅台镇人。1995年从贵州工学院毕业，曾就职于遵义制漆厂、贵阳市南明区西湖街道办，于2006年辞职回君丰酒业有限公司工作。

罗锦鸿　蔡玲

罗锦鸿，路桥高级工程师、国家注册安全工程师；蔡玲，机械工程师。两人同为保利长大工程有限公司职员。20世纪90年代初毕业后一直从事公路交通工程建设，先后参与了江南大桥、虎门大桥、广澳高速等多项特大型公路工程施工。30年间，秉持"修路筑桥，造福百姓"的理念奋战在祖国交通建设的第一线。2018年10月23日，港珠澳大桥建成通车，罗锦鸿作为建设者代表之一受到了习近平总书记亲切接见。

苏　达

文化单位从业人员。

杨俊平

初中毕业，农民，坚持"我们知道农村人的孩子只有通过读书才能改变自己的命运"的理念。

董莉丽

工商管理本科，高级政工师，就职于大连市轻工业学校。为人性格热情随和，喜欢和孩子一起学习一起玩耍，喜欢一切随缘的生活状态。

胡 萍

儿童性健康教育专家，著有《善解童贞》系列儿童性健康教育读本和绘本。

梁秋生

毕业于河北师范大学美术学院、中国连环画国画研究生创作班。原为徐悲鸿纪念馆画室主任、徐悲鸿艺术学院教授、中国书画家联谊会副秘书长兼徐悲鸿国画室执行主任。因创作连环画《陪衬人》《车票》（发表于1989、1990年《中国连环画》）而有影响力。2004年大型国画《改革开放举世瞩目》荣获"纪念邓小平一百周年诞辰"大型画展金奖提名奖。

冯 玲

毕业于中南财经政法学院投资专业，曾从事金融行业财务工作，现定居深圳，在女儿9岁时成为专职妈妈。

周 敏

华东政法大学研究生毕业，中国执业律师。曾在深圳、上海、成都生活、学习、工作多年，现在定居深圳。